W0301173

APPRENDRE À ÊTRE

Optimiste

APPRENDRE À ÊTRE
Optimiste

LUCY MACDONALD

Le Courrier du Livre
21, rue de Seine
75006 Paris

Titre original :Learn to Be an Optimist

Directrice de publication : Judy Barratt
Rédacteur : James Hodgson
Chef maquettiste : Dan Sturges
Illustrations : Leigh Wells

Traduit de l'anglais par Natacha Gruner

ISBN: 2-7029-0509-9

Imprimé à Singapour

à mes parents, Bernard et Aline Filliol,
mon mari, Rod MacDonald, et mes enfants,
Clayton, Matthew, Amy et Laura,
avec tout mon amour.

Sommaire

Introduction

Si vous êtes sceptique de nature, vous allez peut-être mettre en doute l'efficacité de l'ensemble de ce livre. Pourtant, avant de le replacer sur son rayon et de sortir du magasin, demandez-vous ce que vous avez à perdre. Certes, vous aurez à investir une certaine somme de temps et d'argent pour acheter et lire ce livre ainsi que pour pratiquer les exercices. Si après lecture vous vous sentez globalement le même qu'auparavant, vous pourrez alors estimer avoir gâché votre temps et votre argent.

À présent, veuillez considérer ce que vous avez à gagner. Si le résultat des pratiques acquises dans ce livre est de vous avoir rendu capable de cultiver une attitude plus positive, les récompenses que vous récolterez seront de taille. Vous serez plus heureux, vous réussirez mieux, vous serez mieux équipé pour aborder les défis, et il est très probable que vos conditions de santé, elles aussi, seront plus favorables. Je ne puis vous offrir la garantie inconditionnelle que ce livre vous enseignera à devenir un optimiste confirmé, mais je sais de par ma propre expérience que l'optimisme est une qualité qui peut s'apprendre.

Car j'ai une confession à vous faire. Je ne suis pas optimiste, du moins par nature ; mon défaut est le pessimisme. Ma nature pessimiste fait partie de mon héritage congénital. J'ai cependant appris à devenir optimiste et suis désormais convertie au pouvoir de l'optimisme dans ma vie quotidienne.

En rencontrant à 17 ans celui qui allait devenir mon mari, je prenais pour la première fois conscience du fait que l'optimisme est un trait de caractère ; il était – et il est toujours – Monsieur Optimisme ! J'avais 21 ans quand il m'encouragea vivement à

poursuivre mes études, me démontrant sa confiance en ma capacité à réaliser ce que je désirais vraiment faire de ma vie. Notre mariage qui suivit et nos quatre enfants m'offrirent toutes les opportunités pour développer mes facultés d'optimisme, d'autant que j'eus trois enfants en quatre ans et demi ! Mes enfants m'ont appris davantage que tout ce que je pouvais espérer leur apprendre : ils m'enseignèrent que le plus important dans ma vie — et de très loin — est ma famille et que tout le reste est — ma foi — juste le reste.

L'autre principale leçon d'optimisme que j'eus l'occasion d'apprendre se présenta sous la forme de mon cursus universitaire. Je repris le chemin de l'école à plein temps à 40 ans, à l'époque où mes enfants avaient entre 8 et 18 ans. En ne perdant jamais de vue mes objectifs, j'ai pu conserver une attitude pleine d'optimisme face à une impressionnante charge de travail, à l'école comme à la maison. Ces six années furent de véritables montagnes russes de persévérance et d'espoir, culminant avec l'obtention d'une licence puis d'une maîtrise en psychologie clinique. Mon mari et mes enfants s'étaient transformés en supporters-chefs, m'encourageant à redoubler d'efforts quand le découragement et la fatigue menaçaient de me submerger. Ma famille mise à part, mon cursus universitaire est ce dont je suis le plus fière, et je suis certaine que l'émotion et la passion qui ont accompagné la réalisation de ce projet ne perdront jamais de leur intensité. C'est un témoignage de ce que peut accomplir une attitude positive, alliée à une somme considérable de rude labeur.

En tant que psychologue clinicienne dans le privé, j'ai l'honneur d'assister à l'optimisme et au courage que déploient mes clients tout en se débattant avec les défis que la vie leur présente. Invariablement, ceux qui arrivent à maintenir le fil le plus ténu pour ne pas lâcher le côté positif dans les situations critiques sont capables de tenir le coup jusqu'à la prochaine marée et de retrouver ensuite la joie de vivre. Malheureusement, l'inverse est également vrai : pour ceux de mes clients chez qui le pessimisme est le *modus operandi*, il est beaucoup plus difficile de se relever de leurs difficultés. Ils ne sont capables de retrouver un réel équilibre que lorsqu'ils se mettent à développer une attitude plus optimiste. Je ne dis pas que l'optimisme résout tous les problèmes; il peut simplement faire parfois la différence entre s'effondrer ou s'en tirer.

Le déroulement de l'écriture de ce livre est ma leçon la plus récente sur la force de l'optimisme. On enseigne en général ce que l'on a besoin d'apprendre. Quand je fus sollicitée pour écrire un livre sur l'optimisme, mon moral monta en flèche pour s'écrouler ensuite au plus bas. Je me sentais reconnue un jour, terrifiée le lendemain. Après mûre réflexion, je déclarai à mon mari que j'allais décliner l'offre ; j'étais incapable d'accomplir cette tâche. "Tu en es capable, me dit-il, tu n'as qu'à le faire au jour le jour et, avant que tu ne t'en rendes compte, ce sera achevé." M. Optimisme avait encore sonné ! Mes facultés d'optimisme, comme la persévérance et l'auto-motivation, furent mises à bonne épreuve au cours de l'écriture de ce livre. Il semblerait que mon destin soit d'être pour la vie une étudiante en optimisme !

Crois en toi ! Aie foi en tes capacités! Sans une confiance, humble mais raisonnable, en ton propre pouvoir, tu ne peux réussir ni être heureux.

Norman Vincent Peale (1898-1993)

J'ai appris à devenir optimiste et, donc, vous le pouvez aussi. La vocation de cet ouvrage est de vous rendre capable de mettre en place les piliers d'une attitude optimiste et d'intégrer l'optimisme dans votre vie quotidienne. Vous trouverez au fil des pages une variété d'exercices qui vous permettront de mettre en pratique les divers aspects de l'optimisme. Certains sont des suggestions qui fonctionnent bien pour moi ; d'autres s'appuient sur les recherches de psychologues, comme Martin Seligman (voir p.14-17 et 32-33), qui se sont spécialisés dans le domaine de l'optimisme. Il n'y a rien de spécialement compliqué dans ce domaine mais les évidences sont parfois ce qu'il y a de plus difficile à voir.

Mon vœu est que l'optimisme devienne pour vous un compagnon permanent – un bien agréable compagnon, ma foi.

Lucy MacDonald

Comprendre l'optimisme

L'optimisme est un terme qui nous est familier à tous, transmis communément à travers des images comme celles du verre à moitié plein, du côté soleil de la rue, ou du proverbe : "À quelque chose malheur est bon". Mais, psychologiquement parlant, qu'est-ce au juste que l'optimisme ? Quelles qualités entend-il ? Quelle aide apporte-t-il? Quelle est son origine ? Peut-on le quantifier ? Comment peut-on déterminer si l'on est optimiste ? Comment apprendre à le devenir ?

Nous répondrons à toutes ces questions dans ce chapitre, tirant des conclusions des nombreuses études faites à ce sujet depuis 50 ans. Nous explorerons les composants de base de l'optimisme, tels que l'intelligence émotionnelle, l'estime de soi, la résilience et la joie de vivre.

Saisir comment fonctionne l'optimisme est la première étape de votre parcours vers une vie plus accomplie, plus heureuse et optimiste. Une chose que vous allez apprendre de ce livre est qu'il n'existe pas de substitut à l'action. Réalisez ce premier pas dès maintenant.

Qu'est-ce que l'optimisme ?

L'optimisme est une attitude positive vis-à-vis du monde, prenant les choses du bon côté, qui vous mène au succès à l'école, dans vos relations, votre carrière et dans la vie en général. Il vous rend capable de dépasser les difficultés de la vie, de rebondir et continuer à vous épanouir. Dans son livre *L'Intelligence Émotionnelle* (1995), Daniel Goleman déclare que l'optimisme "signifie posséder la forte conviction que les choses dans la vie, en général, se passeront bien, malgré les revers et les frustrations …l'optimisme est une attitude pare-chocs qui empêche de verser dans l'apathie, la perte de l'espoir ou la dépression face aux difficultés."

Martin Seligman, père de l'optimisme acquis et auteur de plusieurs livres sur le sujet, définit l'optimisme par notre façon d'interpréter les bons et les mauvais événements selon trois critères : interne/externe ; permanent/temporaire ; et général/spécifique. L'optimiste s'attribue le mérite des bons événements (interne), pense que leurs effets positifs vont durer (permanent) et qu'ils s'étendront aux autres aspects de sa vie (général). En revanche, face aux événements difficiles, l'optimiste blâmera les circonstances extérieures (externe), affirmera que leurs effets ne dureront pas (temporaire) et se limiteront à la situation en question (spécifique). Une interprétation de type pessimiste ressemblera au négatif d'une photo dont le positif serait le côté optimiste.

Selon Seligman, votre type d'interprétation est fondé sur votre sens du moi. Si vous estimez que vous êtes valable et que vous

méritez le bonheur, votre vision du monde qui vous entoure et des événements qui vous touchent sera positive. La perception de vous-même et de vos capacités affecte votre comportement dans nombre de situations. Par exemple, si vous manquez telle promotion, votre façon de justifier cet ennui influencera votre attitude ultérieure au travail et la possibilité d'un succès futur. Une personne optimiste expliquerait la situation de diverses façons : "Je n'ai pas encore toutes les compétences requises pour cette place : je peux suivre une formation pour améliorer mes compétences, comme ça j'aurai plus de chances la prochaine fois." Ou bien : "Ils ne recherchaient pas quelqu'un avec des compétences comme les miennes, même si elles sont tout à fait valables. Je vais chercher une place qui convienne mieux à ce que je sais faire." Les optimistes appréhendent les situations avec confiance et persévérance car ils en attendent le succès. Les pessimistes ont un point de vue différent ; ils ont tendance à expliquer pourquoi ils n'ont pas obtenu la promotion en se critiquant eux-mêmes : "Je ne l'ai pas eue parce que je ne suis pas assez bon. Je n'arriverai jamais à l'être. Personne ne s'intéressera jamais à ce que je sais faire et je ne peux rien y changer." Les pessimistes vont plutôt se blâmer eux-mêmes lorsque les choses vont mal, et laissent tomber plus facilement lorsqu'ils rencontrent des obstacles.

L'optimisme a ses racines dans l'enfance. Chacun naît avec un tempérament de base, qui est la pierre angulaire de sa personnalité. Jerome Kagan, professeur de psychologie à l'Université de Harvard, divise le tempérament en quatre types généraux : le timide, l'audacieux, l'optimiste et le mélancolique. Votre tempérament de naissance est ensuite influencé par votre environnement, que ce soit la famille, l'école ou vos pairs. Il en ressort une façon caractéristique de ressentir et d'agir face à toutes les situations de votre vie. La bonne nouvelle est que vous pouvez sciemment surmonter cet héritage congénital. Par exemple, dans l'étude de Kagan, les enfants au tempérament timide pouvaient apprendre à dépasser leur réserve à l'époque de leur adolescence, spécialement si leurs parents les encourageaient en douceur à être plus expansifs. Il s'ensuit qu'il est pareillement possible, en grandissant, de se défaire d'un tempérament mélancolique et d'apprendre à devenir optimiste et à voir le bon côté des choses. L'une des techniques pour réaliser ce but est de faire attention à ce que vous êtes en train de penser et d'interrompre toute pensée négative. Trouvez le moyen de reformuler la pensée négative d'une façon positive (voir p.68-71). Par exemple, vous pourriez essayer de stopper l'affirmation : "Il faudrait que j'arrête le golf, je ne joue pas assez bien." avec : "Je peux m'amuser au golf même si je ne joue pas à la perfection."

Les caractéristiques clés d'un optimiste (voir p.18-19), comme l'entrain et la persévérance, ne sont pas difficiles à identifier. Tout ce que vous avez à faire est simplement de passer un peu de temps avec les gens, pour voir comment ils interagissent avec leur entourage. Mais vous pouvez également employer une méthode scientifique sérieuse pour mesurer le degré d'optimisme d'une personne (voir p.30-31). Par exemple, Martin Seligman a élaboré un Questionnaire du Type de Caractère, qui vous donne un score selon le degré d'optimisme ou de pessimisme avec lequel vous interprétez les événements positifs et négatifs qui marquent votre vie.

L'optimisme est un si puissant outil parce qu'il vous offre la confiance nécessaire pour faire face aussi bien aux bonnes qu'aux mauvaises circonstances. Il vous permet d'aborder toute situation avec assurance, persévérance et la prévision du succès. Être optimiste suppose que vous avez une aptitude naturelle au bonheur, que vous savez gérer vos perspectives d'avenir et que vous prenez une part active à l'élaboration de votre vie telle que vous la concevez.

Portrait d'un optimiste

Beaucoup de portraitistes étudient l'anatomie, partant du principe que ce n'est qu'en comprenant la structure interne du corps humain qu'ils se sentent capables de transmettre l'apparence de leurs modèles de manière convaincante. De la même façon, pour pouvoir présenter un portrait harmonieux d'un optimiste, il est besoin d'évaluer l'influence des rouages internes de son esprit sur ses traits extérieurs.

Dès que l'on cherche à définir et à comprendre les caractéristiques distinctives de l'optimiste, il apparaît vite que chacune d'elles est une ramification plus ou moins directe du type d'interprétation optimiste (voir p.14-16). Je récapitule : les optimistes s'attribuent le mérite des événements positifs et estiment que leurs effets vont durer et s'étendre aux autres aspects de leur vie, tandis qu'ils se dissocient des événements négatifs qu'ils considèrent tous comme passagers et localisés.

Du fait qu'ils considèrent être responsables de leurs triomphes et n'avoir à recevoir aucun reproche pour leurs échecs, les optimistes maintiennent leur estime de soi à un niveau élevé. Quand on a confiance en ses propres capacités, on développe le sentiment d'être en contrôle de la situation. Fonctionner de la sorte rend les optimistes plus heureux, et moins enclins à souffrir d'angoisse, de stress et de dépression que ceux qui s'estiment impuissants à améliorer leur situation. Considérant qu'ils ont tout ce qu'il faut pour réussir, les optimistes ont envie de passer à l'action pour réaliser leurs objectifs, ce qui augmente leurs chances d'obtenir ce qu'ils veulent. Si cela ne marche pas, ils

essaient à nouveau, en pensant que l'insuccès ne relève pas de leur incapacité mais qu'il est dû aux circonstances extérieures et peut donc être surmonté en modifiant ces circonstances.

Connaître le succès dans le cadre d'une certaine activité donne à l'optimiste la confiance nécessaire pour affronter d'autres défis avec, à nouveau, l'espoir du succès. En étant ainsi ouverts à d'autres champs d'activités, les optimistes continuent à enrichir leur vie d'expériences positives, ce qui fortifie leurs sentiments de bonheur et d'accomplissement.

Les optimistes s'épanouissent par leurs contacts avec les autres et, du fait qu'ils ont tendance à s'investir dans tant de différentes activités, ils trouvent d'amples occasions pour multiplier ces contacts. Leur sens de contrôle de soi, étant bien établi, s'étend à leurs émotions qu'ils gèrent avec intelligence afin de maintenir des relations positives, cordiales et bénéfiques.

Dans les pages suivantes, nous examinerons plus en détail certains des attributs clés qui constituent une attitude optimiste, comme l'intelligence émotionnelle, l'estime de soi et la résilience. Ne vous découragez pas si vous ressentez que ce portrait a peu ou pas de ressemblance avec vous. Nous avons situé la source de l'optimisme : tout vient de votre type d'interprétation, et vous êtes sur le point de découvrir qu'il est en votre pouvoir de rendre votre type d'interprétation optimiste.

L'intelligence émotionnelle

La notion classique d'intelligence est vue comme un ensemble d'aptitudes verbales, arithmétiques et logiques, mesurables par des méthodes telles que les examens scolaires et les tests de Q.I. Un Q.I. élevé vous rendra capable de faire une brillante carrière dans tout ce qui est du domaine académique ou de devenir champion d'échecs mais, en lui-même, il ne vous aidera pas à construire de riches relations avec votre partenaire, votre famille, vos amis, vos collègues ainsi qu'avec vous-même, tout ce qui constitue une solide plateforme pour une vie optimiste et épanouie. Dans les années quatre-vingt-dix, les psychologues Peter Salovey et John Mayer, ainsi qu'un peu plus tard Daniel Goleman, ont démontré combien la faculté de gérer nos émotions affecte puissamment notre niveau d'épanouissement dans tous les aspects de la vie. Ils ont utilisé l'expression "intelligence émotionnelle" pour inclure un ensemble de qualités sociales et émotionnelles comme la conscience de soi, l'auto-motivation, l'auto-régulation et l'empathie. Non seulement ces moyens permettant de construire l'intelligence émotionnelle sont bien plus étendus que ceux qui définissent le Q.I., mais les bénéfices de ce type de fonctionnement sont beaucoup plus grands.

L'intelligence émotionnelle est la capacité de prendre en compte nos propres sentiments ainsi que ceux des autres pour nous motiver et pour gérer les émotions qui surgissent en nous et chez les autres.

Daniel Goleman (1946-)

La conscience de soi est la faculté de prendre en compte vos sentiments et de comprendre leur façon de vous guider. En étant conscient de vos émotions, vous atténuez le risque de conflit avec les autres et augmentez les chances de le résoudre lorsqu'il survient. Pour accroître votre conscience de soi, prenez l'habitude de faire un pas de recul pour vous demander ce que vous êtes en train de ressentir et pour quelle raison.

L'auto-motivation implique la capacité de passer à l'action pour atteindre un but. L'optimisme joue un rôle crucial dans l'auto-motivation. Si vous vous attendez à réussir à atteindre votre but, vous êtes plus à même de vous motiver à partir à sa poursuite. Améliorez votre motivation grâce à la visualisation (voir p.67), dépeignez-vous en train d'atteindre votre objectif et imaginez ce que vous ressentez à ce moment-là.

L'auto-régulation est la faculté de gérer les émotions perturbatrices comme la colère, la peur et le découragement. Par exemple, si vous êtes capable de contenir votre déception en voyant attribuer la mission que vous ambitionniez à l'un de vos collègues, vous éviterez de détériorer votre relation avec cette personne. Comme pour la conscience de soi, la clé est de prendre le temps d'examiner vos pensées, afin de pouvoir identifier et remodeler vos sentiments négatifs grâce à une analyse effectuée de sang-froid.

L'empathie, la possibilité de saisir ce que ressent l'autre dans une situation donnée sans l'avoir nécessairement vécue vous-même, est la première qualité sociale. L'empathie se développe à partir de la conscience de soi : en apprenant à reconnaître nos propres émotions, nous sommes meilleurs pour reconnaître celles des autres. Améliorez votre empathie en observant les autres — à la fois vos connaissances et les personnalités qui apparaissent aux Informations — et en vous demandant : "À quoi cela ressemble-t-il de vivre cette expérience ?"

L'estime de soi

L'estime de soi est l'une des qualités que vous pouvez posséder qui vous donnent le plus de force, et en manquer peut se révéler très débilitant, "comme si vous traversiez la vie en conduisant, le frein à main levé en permanence", comme le note Maxwell Maltz, spécialisé dans l'étude de la motivation. Grâce à une bonne dose d'estime de soi, vous vous sentirez apte à affronter les enjeux de la vie, et digne de succès.

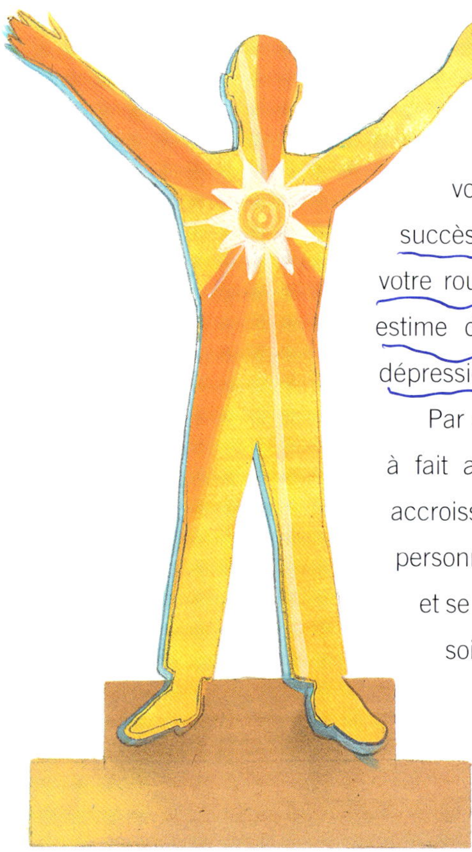

Comme le terme l'indique, l'estime de soi est une appréciation globale de la valeur que vous vous attribuez, fondée sur la perception que vous avez de vous-même. Si vous vous jugez indigne de succès, vous ne saurez l'accueillir s'il croise votre route. Il n'est pas étonnant qu'une faible estime de soi soit liée au pessimisme, à la dépression et à l'anxiété.

Par contre, une haute estime de soi est tout à fait associée à l'optimisme. Les optimistes accroissent leur estime de soi en s'attribuant personnellement le mérite de leurs réalisations, et se protègent contre une baisse d'estime de soi en reportant sur des facteurs extérieurs la cause de leurs difficultés.

Le premier pas à accomplir dans votre quête du bien-être intérieur est l'acceptation de soi :

Qui pensez-vous être ?

Les gens qui ont une piètre estime d'eux-mêmes ont souvent une image déformée de ce qu'ils sont, tendant à faire l'impasse sur leurs forces et à grossir leurs faiblesses. L'exercice suivant vous aide à vous auto-évaluer de manière plus équilibrée. Dessinez un grand cercle puis divisez-le en cinq parts, comme une tarte, attribuant chacune d'elles à l'un des principaux composants de votre concept de soi : social, physique, émotionnel, travail et spirituel. Dressez, à l'intérieur de chaque part, la liste de vos forces et de vos faiblesses.

- Le soi social se réfère à votre façon de communiquer. Par exemple, avez-vous des amis ? Êtes-vous serviable ? Appréciez-vous la compagnie ?
- Dans la section physique, décrivez comment vous vous sentez à propos de votre apparence, de votre santé, de votre forme.
- La section émotionnelle est liée à votre bien-être psychologique. Exprimez-vous volontiers vos émotions ? Pouvez-vous les gérer/les contrôler ?
- Pour la section travail, faites la liste des talents qui ont contribué à vos succès à l'école comme au travail. Y a-t-il pourtant des faiblesses qui vous font obstacle ?
- Pour le composant spirituel, examinez s'il existe ou non une ligne directrice dans votre vie.

Relisez vos listes et demandez-vous de quelle façon chaque force et chaque faiblesse modèlent votre estime de soi. Si la liste contient beaucoup plus de faiblesses que de forces, interrogez-vous sur chacune d'entre elles, cherchant les preuves concrètes de leur existence. Faites la liste de moyens susceptibles de transformer les faiblesses en forces. Par exemple, décidez d'une série d'exercices quotidiens (voir p.83) pour pallier une mauvaise forme physique.

choisir de vous aimer et de vous accepter inconditionnellement.

Il est hors de question de chercher à vous duper vous-même ; par exemple, si vous n'avez jamais joué au tennis, il serait ridicule de vous dire à vous-même que vous pourriez battre le champion du monde. La véritable estime de soi se construit en élaborant une évaluation bien informée (voir l'encadré ci-dessus) et en honorant la personne que vous êtes.

La résilience

La recherche s'est concentrée pendant de nombreuses années sur l'impact de la petite enfance sur la vie adulte. On pense communément que les enfants ayant subi des traumatismes sont voués à devenir des adultes malheureux. Mais est-ce réellement le cas ? Même si la descendance et la génétique jouent un rôle déterminant sur votre caractère, des recherches nous ont appris que vous pouvez triompher de votre passé. En 1955 sur l'île Kauaï de Hawaii, Emmy Werner entreprit une étude sur des enfants qui avaient éprouvé de grands stress au cours de leurs premières années, sans doute à cause de la pauvreté ou de conflits familiaux. En tant qu'adultes, deux tiers du groupe se sont montrés conformes au stéréotype, plongeant dans le crime ou témoignant de problèmes mentaux. En revanche, ceux du troisième tiers se sont révélés des adultes compétents, confiants

et affectueux. D'après Werner, ce qui a fait la différence est un trait de caractère appelé la résilience.

La résilience est la faculté de grandir et de se développer face à l'adversité. En plus de l'optimisme qui est un élément essentiel de la résilience, les psychologues ont identifié un certain nombre de qualités qui nous aident à surmonter les revers de la destinée. Elles incluent une haute estime de soi, des compétences à résoudre les problèmes, la sociabilité, un sens de l'humour et la faculté de conserver une distance émotionnelle en présence de relations destructives et de nourrir en même temps des relations de soutien. Ces caractéristiques viennent plus naturellement à certains qu'à d'autres mais, comme nous le verrons plus loin dans le livre, nous pouvons tous les développer à l'intérieur de nous.

Je préfère les rêves du futur aux histoires du passé.

Thomas Jefferson (1743-1826)

La vie et l'œuvre du psychiatre Victor Frankl apportent un exemple édifiant de résilience, du point de vue théorique et pratique. Après avoir été envoyé à Auschwitz pendant l'Holocauste, au cours duquel sa femme, ses parents et d'autres membres de sa famille furent exterminés, Frankl se mit à élaborer la logothérapie, forme de psychologie existentielle qui maintient que nous pouvons tirer du sens et de l'utilité de toutes nos expériences, même les plus traumatisantes. Il écrivit par ailleurs 32 livres, dont le célèbre *Man's Search for Meaning* (1963) [*Découvrir un sens à sa vie*, Les Éditions de l'Homme, Paris, 1988]. Il résumait sa philosophie dans cette assertion : "On peut tout enlever à un homme si ce n'est l'ultime liberté humaine, celle de choisir son attitude face à une somme donnée de circonstances, celle de choisir son propre chemin."

Le Bonheur

Le bonheur va main dans la main avec l'optimisme. Si nous pouvons apprendre à regarder tout ce qui nous arrive – à la fois de bon et de mauvais – selon un éclairage positif, nous tendrons à être heureux. Et si nous nous sentons heureux, notre tendance sera de voir les choses positivement.

Parce qu'il peut couvrir des niveaux si différents d'émotions, du simple contentement à la pure extase, et parce qu'il peut revêtir une signification si différente pour chacun d'entre nous, le bonheur défie toute définition et toute idée de mesure objectives. Les sciences sociales ont cependant opté pour le concept de "bien-être subjectif". Ce qui implique pour l'individu de définir son niveau actuel de bien-être en évaluant à sa façon la part de bonheur et de satisfaction dans sa vie (voir encadré, ci-contre). En un mot, le bien-être entraîne une bonne humeur et des émotions agréables plus fréquemment que de la mauvaise humeur et des émotions désagréables.

Il existe une certaine prédisposition génétique influençant votre aptitude à être heureux. Cela a été vérifié par des études effectuées sur des jumeaux, montrant que des vrais jumeaux élevés séparément ont des niveaux d'aptitudes au bonheur plus proches que des faux jumeaux élevés ensemble. Mais ce n'est pas du tout une simple question de chromosomes. L'entourage et les circonstances jouent également un rôle important dans l'élaboration de votre bien-être. Par exemple, si vous êtes au chômage, vous avez moins de chance d'être heureux, quel que soit votre bagage génétique. Il semblerait que ce soit l'absence d'activité utile – comme c'est évidemment le cas pour le chômage – qui entraîne, plus que le manque d'argent, des répercussions nuisibles sur le moral. À partir du moment où nous pouvons subvenir aux nécessités matérielles de base comme la nourriture, les vêtements et un abri, tout bien supplémentaire fait très peu de différence par rapport à notre niveau de bien-être subjectif. Beaucoup plus déterminants sont des facteurs tels que l'estime de soi, des relations satisfaisantes avec le partenaire, la famille et les amis (par exemple, les personnes en couple ont tendance à être plus heureuses que les célibataires, les veufs et les divorcés), ainsi qu'un sentiment de contrôle sur sa vie, ou également l'investissement dans des activités épanouissantes.

Êtes-vous satisfait de votre vie ?

Ce questionnaire conçu par Ed Diener vous permet de mesurer votre bien-être subjectif. Utilisez l'échelle en 7 points pour voir dans quelle mesure vous vous identifiez à chacune des affirmations suivantes. Soyez honnête et instinctif dans vos réponses — l'exercice ne devrait pas prendre plus d'une minute.

1 = pas du tout d'accord / 2 = pas d'accord / 3 = pas tout à fait d'accord
4 = ni d'accord ni pas d'accord / 5 = légèrement d'accord / 6 = d'accord
7 = tout à fait d'accord

- (1) La plupart du temps, ma vie est proche de mon idéal.
- (3) Mes conditions de vie sont excellentes.
- (   ) Je suis satisfait de la vie.
- (   ) J'ai déjà acquis les choses importantes que je veux avoir dans ma vie.
- (   ) S'il était possible de revivre ma vie, je ne changerais pratiquement rien.

Un score compris entre 5 et 15 indique que votre indice de satisfaction est plutôt en dessous de la moyenne, entre 16 et 25 vous êtes dans la moyenne, supérieur à 25 vous êtes au dessus de la moyenne.

Le bonheur est un état général, et il est inévitable que nous nous sentions parfois malheureux (voir encadré ci-dessous). Mais il y a une multitude de choses à faire pour créer de bonnes conditions au bonheur. Voici quelques suggestions :

Faites le compte de tout ce qui est en votre faveur – si vous vous sentez malheureux, remémorez-vous les choses dans votre vie pour lesquelles vous devez vous sentir reconnaissant (voir p.41).

Participez activement à votre bonheur – souriez-vous lorsque vous vous regardez dans le miroir, ou prenez de temps en temps

Faire face au chagrin et à la tristesse

En présence d'un événement traumatique tel que la mort d'un être cher, une maladie ou une blessure graves, le chômage ou le divorce, nous éprouvons de la peine en réaction à notre perte. Bien que le chagrin soit différent pour chacun de nous, nous avons en général tous à affronter une série d'émotions fortes et douloureuses, comme l'angoisse, la détresse, la colère, le choc, la confusion, le désespoir et la culpabilité. À ces moments-là, lorsque notre sensation de bien-être est particulièrement menacée, une attitude optimiste prend d'autant plus de valeur.

L'optimisme ne peut vous éviter les sentiments associés à la perte. Accepter et exprimer vos émotions est une réaction normale et saine face au chagrin. Ce que peut vous apporter l'optimisme est de vous aider à extraire le côté positif de l'expérience. Une étude sur le deuil des êtres chers a trouvé que les personnes capables de puiser un aspect positif dans leur peine s'en tiraient mieux et pouvaient même y puiser un sentiment d'évolution. Par exemple, certains faisaient d'importantes découvertes sur eux-mêmes, comme "Je suis plus fort que je ne le croyais !" ou "J'apprécie mes amis encore plus qu'avant." D'autres ont trouvé un réconfort dans le fait qu'ils ont pu dire au revoir à leur proche avant qu'il ne meurt, ou apprendre à chérir les souvenirs heureux avec celui-ci.

quelques minutes pour vous remémorez quelque situation drôle (voir p.97). Votre attitude dépend de votre comportement.

Semez des graines sociales – inscrivez-vous à un club, allez à l'église, faites un sport de groupe. Trouvez le moyen de vous impliquer dans des situations où vous pouvez rencontrer des gens et développer des relations cordiales et intéressantes.

Suivez vos rêves – en établissant et en approfondissant des buts en rapport avec vos propres intérêts et vos valeurs personnelles, vous offrirez du sens à votre vie. Réaliser ces buts fera des merveilles à votre estime de soi.

Faites un travail qui vous plaît – cherchez un travail intéressant et plein de défis. Le travail aide à vous définir ; si vous êtes heureux dans votre travail, il y a des chances que cela retentisse positivement sur les autres aspects de votre vie. Un travail satisfaisant augmente le sentiment d'être maître de sa vie, ainsi que l'estime de soi.

Quel est votre taux d'optimisme ?

Depuis que vous avez commencé la lecture de ce livre, il est probable que vous vous soyez mis à vous demander quelle est votre part d'optimisme. Vous avez peut-être repensé à des événements récents, qu'ils soient positifs ou négatifs, et cherché à vous rappeler comment vous y avez réagi. Cette approche est bien sûr tout à fait valable (et nous allons l'approfondir un peu plus loin dans ce chapitre) mais il existe également plusieurs tests, créés par des psychologues dans l'optique d'offrir une évaluation scientifique de votre optimisme.

Martin Seligman, pionnier sur l'optimisme, a produit le Questionnaire du Type de Caractère, un test plein de compréhension et de détails pour discerner votre type d'interprétation vis-à-vis des événements. À l'origine il servait, avec un certain succès, à aider les assureurs à prévoir avec pertinence les assurances sur la vie de leurs clients (voir p.123). Ci-contre, vous trouverez un autre test d'optimisme largement répandu, le test d'Orientation-vie de Michael Scheier et Charles Carver, spécialement conçu pour évaluer les dispositions à l'optimisme, ce dernier étant défini comme la tendance à croire que, sur le long terme, vous vivrez en général davantage de bonnes choses que de mauvaises.

Prenez quelques minutes pour faire le test. Si votre score indique que vous êtes du bord des optimistes, il y a une foule de bonnes idées dans ce livre pour vous aider à conserver cette attitude positive. Si vous vous situez par contre du côté négatif de l'échelle, ne désespérez pas. Savoir est pouvoir : maintenant que vous savez où vous vous situez, vous êtes en mesure d'effectuer les prochains pas vers votre transformation en optimiste.

Test d'Orientation-vie

Choisissez entre ces différentes options pour répondre aux formules ci-dessous :
A = tout à fait d'accord / B = à peu près d'accord / C = ni d'accord ni pas d'accord
D = pas vraiment d'accord / E = pas du tout d'accord.
Pendant le test, s'il vous plaît, soyez le plus honnête et précis possible. Faites en sorte qu'une réponse n'influence pas la suivante. Il n'y a aucune réponse "correcte" ni "incorrecte". Répondez en fonction de vos propres sentiments plutôt que selon ce que vous estimez être la "norme".

1 – Lors d'une situation incertaine, j'en attends en général le meilleur.

2 – Il m'est facile de me détendre.

3 – Si quelque chose risque d'aller mal pour moi, j'accepte qu'il en soit ainsi.

4 – Je suis toujours optimiste sur mon avenir.

5 – J'apprécie énormément mes amis.

6 – C'est important pour moi d'être toujours actif.

7 – Il m'est difficile de toujours penser que tout ira bien.

8 – Je ne me fâche pas si facilement.

9 – Je compte rarement sur l'éventualité de bonnes choses qui m'arrivent.

10 – En général, je m'attends davantage à de bonnes choses qu'à de mauvaises.

Pour les formules 1, 4 et 10 : A = 4 points ; B = 3 points ; C = 2 points ; D = 1 point ; E = 0.
Pour les formules 3, 7 et 9 : A = 0 ; B = 1 point ; C = 2 points ; D = 3 points ; E = 4 points.
Additionnez les deux sous-totaux pour obtenir votre score général (les réponses aux formules 2, 5, 6 et 8 ne comptent pas). Situez votre score d'optimisme sur l'échelle ci-dessous :

0 6 12 18 24

pessimisme maximum neutre optimisme maximum

Peut-on apprendre l'optimisme ?

Vous vous demandez sans doute comment être sûr qu'il soit possible d'apprendre à être optimiste. Paradoxalement, l'évidence que l'optimisme peut être appris émergea d'études ayant démontré que le pessimisme pouvait l'être. Au cours d'expériences conduites par Martin Seligman dans les années soixante, on a exposé des chiens à de légères secousses électriques auxquelles ils ne pouvaient échapper. Après avoir essayé sans succès d'éviter les chocs, les chiens ont laissé tomber. À l'étape suivante, lorsqu'il leur fut offert le moyen d'échapper aux secousses électriques, les chiens ne firent aucune tentative : ils avaient été conditionnés à croire que leurs efforts étaient infructueux, un état d'esprit que Seligman qualifia d'"impuissance acquise". Plus tard, Seligman, accompagné de Donald Hiroto, conduisit une expérience similaire avec des volontaires humains. Ils soumettaient les sujets à un bruit auquel ils ne pouvaient échapper, puis leur donnèrent l'occasion de partir. Les sujets réagirent de la même façon que les chiens, avec une résignation passive devant la situation.

Seligman et ses coéquipiers notèrent un parallèle entre le processus mental de l'impuissance acquise et celui indiquant un type d'interprétation pessimiste : "C'est de ma faute ; les choses ne vont jamais s'améliorer ; ça va se répercuter sur ma vie entière". Si quelqu'un endure une série d'infortunes qu'il se sent impuissant à éviter, il développera peut-être une impuissance acquise, qui entraînera une perte de motivation, une confiance en soi réduite et l'opinion pessimiste que, quoi qu'il entreprenne, il ne réussira jamais. À moins que quelque chose n'advienne pour briser ce schéma mental, une telle attitude peut conduire à la dépression.

Après avoir montré que l'on peut développer des habitudes de penser pessimistes, Seligman entreprit de prouver qu'il est également possible d'apprendre à penser de façon optimiste. Entouré de son équipe de chercheurs à l'université de Pennsylvanie, il définit un programme de traitement destiné à des enfants montrant des symptômes de dépression ou venant de familles perturbées (un des principaux facteurs à risque pour les dépressions). Le Penn Prevention Program enseigna aux enfants des techniques pour faire face aux situations difficiles avec optimisme. À la fin du programme préventif, le nombre d'enfants du groupe témoignant des symptômes dépressifs sévères était réduit de 35 %. Deux années plus tard, plus aucun des enfants ne témoignait de symptômes dépressifs notables ! Non seulement le Penn Prevention Program préserva les enfants de la dépression ou stoppa le développement de celle-ci, mais il les rendit aussi plus optimistes que leurs pairs qui n'avaient pas participé au programme.

Voici, extraites du Penn Prevention Program, quatre techniques pour vous aider à penser de façon plus optimiste.

Saisie de la pensée – apprenez à identifier les pensées auto-défaitistes qui submergent automatiquement votre esprit quand vous vous trouvez triste, déprimé ou stressé.

Évaluation de la pensée – en scrutant vos pensées négatives, vous vous rendrez capable d'extraire toutes les suppositions inexactes et les généralisations sur lesquelles elles s'appuient.

Instruction précise – remplacez vos suppositions négatives et inexactes par de plus positives et réalistes.

Dédramatisation – au lieu de vous paralyser à la pensée de tout ce qui pourrait mal se passer, concentrez-vous à résoudre le problème du moment.

Prenant comme scénario un individu répétant un morceau de musique avant de le jouer en concert, le passage suivant de monologue mental (voir exercice ci-contre) illustre comment ces quatre techniques fonctionnent ensemble :

"Je ne serai jamais capable de savoir ce morceau pour le concert, je ne suis pas assez bon, un point c'est tout. Attends [saisie de la pensée], comment puis-je savoir que j'en suis incapable si je n'essaie même pas [évaluation de la pensée] ? Ce morceau n'est pas plus ardu que celui que j'ai bien joué au concert de l'année dernière. Tout ira bien si je m'exerce [instruction précise]. Si je peux me réserver suffisamment de temps maintenant, je ne me retrouverai pas en difficulté plus tard [dédramatisation]."

EXERCICE 1

Positivez votre monologue mental

Vos conversations les plus importantes sont celles que vous menez avec vous-même. Le monologue mental gouverne votre état émotionnel qui, à son tour, retentit sur votre bien-être physique et mental. L'exercice suivant vous montre comment déplacer le poids du négatif au positif dans la balance de votre monologue mental.

1– Commencez par déterminer le nombre de formulations négatives que vous vous faites au cours d'une journée ordinaire. Posez deux bocaux dans votre espace de travail, l'un rempli de pièces et l'autre vide. Chaque fois que vous avez une pensée négative, faites passer une pièce dans le bocal vide. À la fin de la journée, comptez les pièces : y en a-t-il davantage dans le bocal aux pensées négatives que dans l'autre?

2– Le jour suivant, dressez la liste de 28 choses négatives que vous pensez de vous. Par exemple : "Je ne suis pas doué avec l'ordinateur." Prenez 28 fiches (une pour chaque jour des quatre semaines suivantes) et, sur chaque fiche, inscrivez une version positive de votre formulation négative, ou une solution positive. Par exemple : "Je pourrai prendre des cours d'informatique si j'en ai envie."

3– En commençant chacune des journées, prenez une fiche et posez-la à un endroit où vous l'apercevrez souvent. À chaque fois qu'elle tombera sous vos yeux, relisez-la cinq fois.

4– À la fin des quatre semaines, refaites l'étape n°1. Cette fois, il devrait y avoir moins de pièces dans le bocal aux pensées négatives !

Rédigez un "journal de l'optimisme"

Tenir un journal est un excellent moyen de suivre de près vos progrès pendant que vous lisez ce livre, répondez aux questionnaires et effectuez les exercices. En prenant l'habitude d'écrire régulièrement, vous garderez la trace de vos sentiments, augmenterez votre conscience de soi et travaillerez à la construction d'une image de soi plus positive.

Vous devriez surtout vous servir de votre journal pour enregistrer vos réactions aux événements importants. Comme dans l'exemple ci-dessous, analysez la façon dont vous vous sentez pendant ces événements, en vous posant des questions comme : Que s'est-il passé ? Que me suis-je dit à propos de ce qui s'est passé ? Quels ont été les aspects positifs de mon monologue mental ? Lesquels ont été négatifs ? Comment un optimiste décrirait-il la

DATE 4 juin

ÉVÉNEMENT MAJEUR DU JOUR
Mes clients sont revenus en critiquant le projet que j'ai créé pour eux.

QUE ME SUIS-JE DIT ? Au début j'ai pensé : fichez-moi la paix, je sais ce que je fais. Puis je me suis dit : ils n'ont pas confiance en moi, ils vont se plaindre à mon patron. Suis-je fait pour ce travail ?

MONOLOGUE MENTAL POSITIF
"Je sais ce que je fais" (confiance en soi)

MONOLOGUE MENTAL NÉGATIF "Ils n'ont pas confiance en moi" (auto-projection), "Suis-je fait pour ce travail ?" (dramatisation)

INTERPRÉTATION OPTIMISTE les critiques font partie d'un projet. Ils ne me critiquent pas pour m'embêter, ils désirent juste que le travail soit avantageux pour eux. Je dois tenir compte des commentaires de mes clients pour qu'ils soient satisfaits du produit fini et de ma participation au projet.

situation ? Vous pouvez aussi utiliser ces questions pour réexaminer une chose qui s'est passée il y a longtemps, ou les adapter à une échéance proche qui vous cause du souci, comme un examen, un premier rendrez-vous ou le fait de devenir bientôt parent.

Votre journal peut comporter toutes sortes d'applications. Vous pouvez par exemple l'utiliser pour faire la liste de tout ce envers quoi vous devriez vous sentir reconnaissant (voir p.41), pour affronter vos peurs (voir p.65) ou pour suivre à la trace votre niveau de bonheur au fil du temps (voir le "baromètre du bonheur" ci-dessous).

Prendre le temps de tenir un journal est un investissement important dans votre croissance personnelle. Par l'exploration de vos réactions aux événements majeurs et mineurs de votre vie, vous pouvez obtenir une meilleure compréhension de vos mécanismes de pensée, premier pas vers une hausse d'optimisme.

1 2 3 4 5 (6) 7 8 9 10 BAROMÈTRE DU BONHEUR

AI-JE ÉTÉ SOUCIEUX AUJOURD'HUI ? *Comme toujours, je me suis fait du souci pour notre mariage. Plus que trois mois !*

SI OUI, À PROPOS DE QUOI ? *J'ai peur d'oublier quelque chose d'important et que les invités ne se plaisent pas, surtout s'ils me voient tendu.*

INTERPRÉTATION OPTIMISTE *Qu'est-ce que ça veut dire de se tracasser comme ça pour des problèmes qui n'existent pas ? Je vais me régaler à chaque instant. Et tout le monde sera là pour faire la fête, même s'il y a quelques petites anicroches.*

PLAN D'ACTION

- *trouver un livre ou un magazine sur le mariage qui ait une liste sur les préparatifs : rayer au fur et à mesure ce qui a été fait ;*
- *prendre un jour de détente juste avant le mariage : golf ? Plage ?*

Vous pouvez trouver des modèles imprimés pour votre journal de l'optimisme sur mon site : www.lucymacdonald.com.

Attitudes optimistes

Elle vous accompagne partout. Elle s'exhibe au travail comme à la maison. On vous juge par rapport à elle. Elle n'a ni couleur ni taille, pourtant elle a une profonde influence sur votre vie. Qui est-elle ? Votre attitude !

Une attitude optimiste vous dispose à vous attendre au succès et à rebondir à la suite d'une difficulté. Une vision positive vous aide à prendre les obstacles comme des opportunités et à rester motivé pour accomplir ce que vous avez l'intention de faire dans la vie. Avec une attitude optimiste, vos auto-projections s'accompliront pour votre bénéfice et non contre vous ; si vous attendez des choses qu'elles tournent bien, il est d'autant plus vraisemblable qu'elles le feront.

Ce chapitre vous enseigne les techniques mentales nécessaires pour optimiser votre attitude. Par exemple, vous apprendrez à accepter ce que vous avez et à en être reconnaissant, à stopper la spirale des pensées négatives échappant à votre contrôle, et à aborder les problèmes avec confiance et imagination.

À moitié plein ou à moitié vide ?

Le verre est-il à moitié plein ou à moitié vide? Ce n'est que l'une des métaphores les plus communes pour décrire le contraste entre optimisme et pessimisme. On dit aussi, par plaisanterie, que l'optimiste distinguera la lumière du jour à la fin d'un tunnel là où le pessimiste verra les phares d'un train arrivant sur lui. Les optimistes regarderont le beignet, les pessimistes le trou au milieu.

Si vous fixez votre attention pour voir le bon en chaque situation, vous vous rendrez compte que votre vie sera soudain source de reconnaissance, un sentiment qui nourrit l'âme.

Rabbin Harold Kushner (1935-)

Maintenir que votre verre est à moitié plein est une question de choix d'orientation de votre attention. Si vous insistez sur les aspects positifs d'une situation, cela ne veut pas dire que vous en occultez les négatifs, mais simplement que vous prenez sciemment la décision de rechercher l'encouragement plutôt que le découragement.

Une façon de vous focaliser sur la partie à moitié pleine du verre est d'exprimer de la reconnaissance pour ce que vous avez ou pour ce que vous ressentez (voir l'exercice ci-contre). Ceux qui expriment leur appréciation déclarent qu'ils se sentent plus alertes, enthousiastes, énergiques et optimistes, et sont moins enclins au stress et à la dépression.

Il est indubitablement plus difficile d'être reconnaissant lorsque les choses vont mal que lorsqu'elles vont bien. C'est pourtant pendant les périodes difficiles que nous avons le plus besoin de savoir exprimer de la reconnaissance.

EXERCICE 2

Énumérez tout ce qui vous est bénéfique

Il n'est pas toujours aisé de reconnaître les choses dans notre vie pour lesquelles nous devrions nous sentir reconnaissants. Et, surtout lorsque nous sommes malheureux, il peut être agaçant de s'entendre dire d'être courageux, et de remercier pour avoir une maison, une famille, la santé, et ainsi de suite. Pourtant, c'est précisément ce que vous devriez faire. Cet exercice est conçu pour vous aider à identifier et à honorer les nombreuses choses qui vous sont bénéfiques, même aux moments où elles vous paraissent moins évidentes.

1– Demandez-vous "de quoi devrais-je être reconnaissant ?" Écrivez dans votre journal de l'optimisme (voir p.36-37) tout ce qui vous vient à l'esprit. Commencez par les bases. Vous avez un toit au-dessus de la tête ? De quoi manger ? Une famille ? Des amis ? Puis faites la liste d'événements récents positifs, tels qu'un projet mené à terme, ou le nombre de fois où quelqu'un a été gentil avec vous.

2– Si nécessaire, faites le tour de la maison pour vous inspirer. Par exemple, vous pouvez ressentir de la reconnaissance pour avoir entendu l'une de vos chansons préférées, pour un plat délicieux ou la sensation de confort de votre lit.

3– Regardez votre liste. Réfléchissez à toutes les choses que vous avez écrites qui ont enrichi votre vie. Si vous avez trouvé des raisons d'avoir de la reconnaissance envers des gens que vous connaissez, trouvez le moyen de leur montrer votre appréciation.

4– À la fin de la journée, relisez cette liste de choses bénéfiques pour vous endormir content.

S'attendre au succès

On a trouvé sans surprise que les gens qui réussissent ont des scores élevés dans leurs tests d'optimisme. Mais qu'est-ce qui vient en premier, le succès ou l'optimisme ? D'après les recherches, c'est dans la majorité des cas l'attitude optimiste qui ouvre le chemin au succès, plutôt que le contraire.

Par dessus tout, les optimistes réussissent parce qu'ils ne mettent pas en doute leurs talents requis pour obtenir le succès dans ce qu'ils entreprennent. Ils renforcent à la fois leur confiance et leur motivation en tenant compte de leurs triomphes passés et en visualisant le succès de leurs futurs projets. Et comme nous l'avons vu, la persévérance et la résilience leur permettent de ne pas se laisser abattre par le rejet et l'échec.

Pour mettre toutes les chances de votre côté, posez-vous les questions suivantes et notez les réponses dans votre journal (voir p.36-37).

- Qu'est-ce que je veux réaliser ? Décrivez avec le maximum de détails chacun de vos objectifs et ce qui les motive.
- À quelle date veux-je le réaliser ? Esquissez un planning et inscrivez-le dans votre agenda.
- Que dois-je faire pour accomplir ce que j'envisage ? Spécifiez chaque étape, même si cela prend du temps, puis suivez vos progrès à la trace.
- Y a-t-il des obstacles susceptibles de se dresser sur mon chemin ? Prévoyez les embûches éventuelles et les moyens de les gérer.
- Où en serai-je quand cet objectif sera atteint ? Imaginez comment vous vous sentirez. Demandez-vous ce que ce projet signifie pour vous. Servez-vous de ces réflexions pour vous motiver à continuer quand les choses ne se passeront pas comme prévu.

EXERCICE 3

Suscitez l'abondance

Les optimistes se comportent avec une mentalité d'abondance. L'abondance signifie être satisfait de ce que l'on a tout en projetant d'obtenir ce que l'on veut. L'abondance signifie penser qu'il y a suffisamment de ressources disponibles pour que chacun obtienne ce qu'il désire de la vie. Pour vous aider à l'exprimer dans votre vie, essayez de fabriquer un collage sur l'abondance. Voici les matériaux dont vous avez besoin : une grande feuille de papier style tableau de conférence, de la colle, des ciseaux, un marqueur et divers magazines prêts à découper.

1– Tâchez de vous mettre dans une humeur détendue et créative, peut-être en jouant de la musique, en allumant des bougies ou en buvant un bon bol de tisane.

2– Commencez à regarder les magazines et arrachez toute page contenant des choses que vous appréciez dans votre vie, que vous souhaitez obtenir ou réaliser un jour, ou bien des mots qui vous stimulent pour vivre la vie que vous désirez. Il est possible qu'il vous faille plus d'une séance pour rassembler tous les mots et images dont vous ayez besoin.

3– Une fois la sélection faite, collez-les sur votre feuille. S'il reste des espaces blancs, vous pouvez les remplir en y écrivant des citations qui vous inspirent.

4– Disposez votre collage sur un mur où vous pourrez le voir souvent. Chaque fois que vous passerez devant votre collage sur l'abondance, prenez le temps d'apprécier ce que vous avez déjà en votre possession et d'anticiper les bonnes choses à venir.

Régler les ennuis

La prochaine fois que vous appuierez sur le bouton rouge, remerciez Thomas Edison et sa capacité à surmonter les ennuis. Il lui a fallu recommencer l'expérience plus de 10 000 fois avant de produire sa première ampoule électrique en 1879. Lorsqu'on l'interrogea sur ses échecs antérieurs au cours de ses tentatives pour découvrir les secrets de l'ampoule électrique, il est connu pour avoir répondu : "Je n'étais pas dans l'erreur. J'ai simplement trouvé 10 000 façons qui ne marchent pas." Edison œuvra avec optimisme, persévérance et passion à la création de plus d'un millier de brevets. Les plus célèbres de ses inventions sont le phonographe, le mimographe et la caméra et le projecteur de cinéma.

Certes, nous bénéficions des inventions d'Edison mais nous pouvons aussi apprendre beaucoup de sa façon d'aborder les échecs. En adoptant ses principes, nous verrons ci-dessous comment les ennuis, au lieu de vous faire changer de cap, peuvent vous aider à vous rapprocher de votre but.

Tolérez l'échec. Dans toute tentative pour accomplir quelque chose, l'échec fait partie intégrante du processus. Soyez réaliste, ne soyez pas surpris ni découragé de rencontrer des obstacles sur votre route, mais ayez la conviction que vous avez tout ce qu'il faut pour les dépasser.

Beaucoup d'échecs dans la vie sont dus aux gens qui ne réalisèrent pas à quel point ils étaient près du succès au moment-même où ils ont abandonné.

Thomas Edison (1847-1931)

Soyez convaincu de réussir la prochaine fois. Edison estimait toujours que le succès était au détour du chemin. En adoptant cette attitude, vous serez sûr de canaliser toutes vos énergies dans cette expectative, accroissant ainsi vos chances de succès.

Ne le prenez pas personnellement. Edison ne se considérait pas un piètre inventeur même si ses expériences ne marchaient pas systématiquement. De la même façon, les bons vendeurs ne se blâment pas pour chaque refus qu'ils subissent ; si c'était le cas, leur moral tomberait si bas qu'ils ne seraient plus capables de continuer. Quand les choses vont mal, ne gaspillez pas votre temps et vos efforts à vous réprimander vous-même. Gardez votre énergie pour la tentative suivante.

Continuez sans relâche. Thomas Edison ne vivait pas inspiré en permanence. Comme il l'a souligné dans sa célèbre formule, "Le génie c'est 1% d'inspiration, 90% de transpiration." La persévérance est l'une des clés permettant d'atteindre vos buts.

Donc, si vous échouez la première fois...

Apprenez les leçons. Edison estimait que ses échecs étaient d'importance cruciale pour ses succès, considérant que chacun d'eux lui offrait l'occasion d'apprendre quelque chose de neuf. Analysez vos échecs, tirez-en la signification, et servez-vous de cette perspective renouvelée pour affûter votre essai suivant.

Cherchez le succès dans votre échec. Parfois, lorsque nous échouons dans la réalisation de notre objectif, il nous arrive de réussir accidentellement à accomplir autre chose. Rappelez-vous toutes les fois où vous avez dévié par inadvertance d'une recette et inventé un plat délicieux de votre composition. De même, l'invention du post-it dans les années soixante-dix fut un heureux accident, l'application ingénieuse d'une tentative ratée de créer un adhésif puissant. Et vous ne serez pas étonné d'apprendre que Edison consignait laborieusement toutes ses expériences et les relisait régulièrement pour faire jaillir de nouveaux projets de ses anciennes idées.

Ne vous laissez pas hanter par les difficultés : laissez-les vous inspirer. Notez dans votre journal (voir p.36-37), comme Edison, tous vos essais pour accomplir votre but. Pour chaque essai, posez-vous les questions suivantes afin de vous aider à analyser ce qui s'est passé :

- Quel était le but que je visais ?
- Pourquoi cela n'a-t-il pas marché ?
- Puis-je tirer de l'expérience des aspects réussis ?
- Quelles leçons puis-je dégager de cette expérience ?
- Que ferai-je différemment la prochaine fois ?

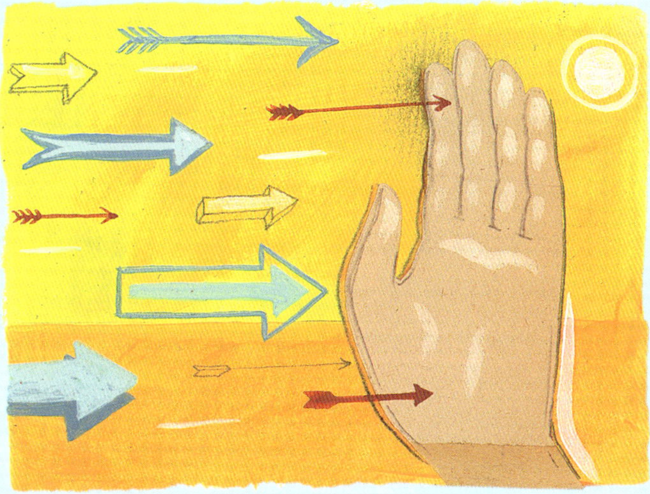

EXERCICE 4

Stoppez vos pensées

Il est vital de commencer tout ce que l'on entreprend avec l'idée de réussir. Parfois cependant, nos efforts sont entravés par des pensées négatives qui passent en boucle dans notre esprit. L'interruption des pensées est une technique que vous pouvez utiliser pour vous aider à couper et arrêter le processus de ces pensées négatives.

1– Trouvez un endroit calme et confortable où vous asseoir. Fermez les yeux et respirez lentement, profondément et régulièrement. Relâchez toutes les tensions de votre corps en contractant puis relâchant chacun de vos muscles, l'un après l'autre.

2– Une fois que vous vous sentez détendu, amenez la pensée négative qui vous perturbe à votre conscience. Répétez consciemment cette pensée et dites tout haut "stop" ou "non" à chaque répétition.

3– Une fois la pensée négative interrompue, essayez de la remplacer dans votre esprit par une affirmation positive. Par exemple, si la pensée indésirable est "Je suis trop timide pour que les gens m'aiment", vous pourriez la transformer en "J'ai confiance en moi et les gens m'aiment bien."

4– Avec de la pratique, l'interruption des pensées négatives deviendra une seconde nature chez vous, à tel point que vous pourrez l'employer en raccourci dans les situations de stress, comme les réunions d'affaire. Dans les cas où vous parler à haute voix est malvenu, visualisez un feu rouge à la place. Quelles que soient les circonstances, dites non aux pensées négatives.

Décider quand être réaliste ou non

Vivre dans le monde réel, par contraste avec un monde idéalisé, est en général ressenti comme une chose positive. Pourtant, ce n'est pas forcément toujours le cas. Dans cette section, nous allons considérer le pour et le contre de l'attitude réaliste, afin de vous aider à déterminer le moment où il vaut mieux regarder les choses en face et celui où il est préférable de les mettre de côté.

Des études ont constaté que les optimistes ont un point de vue positif irréaliste sur eux-mêmes ainsi qu'une perception exagérée de leur maîtrise des événements, et que la hauteur de leurs espérances à propos du futur est souvent infondée. Ils croient être plus disposés que d'autres à vivre des événements positifs et avoir moins d'événements négatifs à subir. Même si elles sont une déformation, ces "illusions positives" aident les optimistes à être plus heureux, en meilleure santé, plus à même de relever les défis et de régler les ennuis.

Parfois, ne pas faire face à la réalité peut être à court terme un mécanisme de défense valable. Par exemple, les personnes qui reçoivent le diagnostic d'une maladie qui risque de menacer leur vie refusent souvent en premier lieu d'accepter ce diagnostic. Cela leur donne le temps de laisser leur subconscient intégrer l'information, de rassembler leurs forces et d'aborder la situation à leur propre rythme. Une dénégation temporaire peut nous aider à nous comporter en situation de stress, en réduisant une anxiété paralysante.

Inversement, trop de réalisme peut conduire à un sentiment de fatalisme, d'impuissance (voir p.32) et à la dépression (voir p.104-107). Le réalisme dépressif est la tendance des gens

déprimés à voir les choses telles qu'elles sont. C'est une approche "plus sage mais plus triste" de la réalité ; les gens déprimés ont souvent des jugements plus exacts, mais la clarté rigoureuse de leur vision est l'une des choses qui les rendent malheureux.

Bien entendu, il se trouve des circonstances où une attitude optimiste irréaliste peut se révéler dangereuse. Un optimisme débridé est incompatible avec les situations où vous risquez de payer cher, émotionnellement ou matériellement parlant, si vous vous trompez. Par exemple, si vous êtes très positif sur le fait que vous allez gagner à la loterie et que vous vendez votre maison et votre voiture et empruntez de grandes sommes d'argent pour acheter les billets de loterie, le coût de votre erreur, si vous perdez, sera en vérité très élevé.

Cela peut paraître presque pervers mais, dans des cas comme celui-là, lorsqu'il nous faut évaluer les risques qu'impliquent certaines actions, nous pouvons bénéficier de l'usage stratégique d'un raisonnement *pessimiste* contrôlé. Dans son livre *The Positive Power of Negative Thinking* (2001), la psychologue Julie Norem catalogue cet usage positif de la pensée pessimiste sous l'expression "pessimisme défensif". Elle marque la différence entre les pessimistes défensifs qui choisissent sciemment cette façon de penser et les pessimistes instinctifs qui s'appesantissent sur les événements malheureux et estiment que rien n'ira jamais bien pour eux.

Le pessimisme défensif peut être particulièrement avantageux quand vous vous sentez angoissé face à un certain enjeu. À ces moments-là, vos espoirs de succès s'amenuisent parfois mais vous pouvez augmenter votre confiance en anticipant ce qui pourrait mal se passer et en préparant un plan d'urgence pour le pire des scénarios. Cette stratégie vous aide à gérer l'anxiété et à exécuter votre programme dans les meilleures conditions.

Le pessimisme défensif ne fonctionne pas pour tout le monde. Les gens qui n'ont pas un caractère anxieux emploieront plutôt ce que Norem appelle "l'optimisme stratégique". Ils s'immunisent contre l'anxiété en attendant le meilleur de la situation et en refusant de laisser le sens de la réalité leur rappeler ce qui pourrait mal se passer. Cette attitude peut être inconfortable à ceux qui ont tendance à être anxieux et risque de nuire à l'exécution de leurs projets.

L'atout du pessimisme défensif est que vous pouvez choisir le moment pour l'utiliser. Face à un enjeu, pesez ce que vous avez à perdre et ce que vous êtes en mesure de gagner. Optez pour le pessimisme défensif quand vous jouez gros jeu, et pour l'optimisme stratégique quand les risques sont d'un niveau que vous pouvez assumer.

EXERCICE 5

Je sais que c'est vrai

Nous avons vu que les estimations des pessimistes sont souvent plus justes que celles des optimistes (voir p.49). Mais, dans les périodes difficiles, vous pouvez vite vous retrouver à voir le monde sous un angle négatif dénué de réalisme. Faites ce simple exercice pour vous remettre en contact avec ce que vous savez être vrai pour vous. Il vous aidera à construire votre force intérieure et à vous réassurer que vous pouvez maintenir le cap.

1– Écrivez "Je suis sûr que c'est vrai" en haut d'une page de votre journal (voir p.36-37).Établissez la liste des choses positives dans votre vie dont vous êtes sûr qu'elles existent. Par exemple, "Je sais que Sue m'aime" ou "Je sais que je suis amical". Servez-vous des catégories de la colonne de droite comme point de départ pour vous aider à dresser votre liste.

2– Lorsque le monde s'assombrit, relisez votre liste et mettez-la à jour si nécessaire. Remémorez-vous toutes les bonnes choses dont vous êtes certain qu'elles sont réelles.

Je sais que ...

- telle personne m'aime
- une qualité personnelle
- je suis fort en telle chose
- telle chose me fait rire
- une façon dont je prends soin de moi
- une chose que j'aime faire
- mon passe-temps favori
- une chose que j'apprécie sur l'endroit où je vis
- un signe d'affection à mon égard
- une situation où je me suis montré responsable

Passer à l'action

L'une des principales sources d'insatisfaction vient du fait de laisser durer inutilement des situations indésirables. Une chose est de savoir que vous devez vous sortir vous-même des situations fâcheuses. Toute autre est celle de savoir par où commencer et, en fait, de faire le premier pas. Il est important de désirer que cela change, mais rien ne remplacera l'action. L'une des raisons pour lesquelles nous restons coincés sans pouvoir bouger est notre excès d'analyse sur nos pensées : avouons que parfois l'analyse paralyse ! La première question à vous poser est : "Est-ce que le changement que je veux faire vaut le coup ?" Si la réponse est oui, alors continuez à lire.

Passer à l'action sans une préparation bien réfléchie est comme de partir à la pêche sans boussole ni carte. Imaginons que vous végétez misérablement dans un travail que vous faites depuis de nombreuses années, sans savoir comment percer. Vous êtes coincé. Dans ce cas, il vous faut prendre à bras le corps ce qui justement vous cause ce problème. Cela a peut-être à voir avec la pression qui existe dans ce travail, ou le manque de stimulation, ou le sentiment que votre contribution à ce travail n'est pas valable ou encore qu'il ne comporte rien d'évolutif pour vous. Ou bien, finalement, vous avez peut-être juste besoin d'un changement. Mais rester dans l'agitation tout en décidant de saisir la première occasion qui se présentera n'est pas une bonne recette pour faire faire volte-face à votre vie. Il vaut mieux rechercher – ou susciter – une opportunité qui prenne en compte vos insatisfactions de façon précise.

Une analyse écrite de la situation est toujours un bon point de départ ; établir clairement ce que vous voulez changer vous aide à définir vos objectifs et à éviter la dispersion. L'avantage de ce genre d'auto-analyse détaillée est qu'elle vous donne le moyen de transformer un point de vue négatif de la situation – "je ne veux plus faire ce travail" – en un point de vue positif, avec une mise en place d'objectifs que vous pouvez convertir en un programme d'action créant, pas à pas, un rythme naturel de changement.

Une fois vos buts déterminés, vous vous sentirez automatiquement plus positif en abordant les étapes pour accomplir ces

buts. Passer à l'action donne de l'énergie et de la force et vous aidera à vous sentir mieux vis-à-vis de l'avenir. Le simple fait de chercher des informations sur Internet pourrait recentrer votre esprit sur une perspective réaliste de changement. Vous savez où vous voulez aller ; et vous avez commencé à prendre des mesures pour y arriver. Une fois que vous aurez déclenché le mouvement des roues, vous vous apercevrez qu'elles vous entraînent dans une nouvelle dynamique. Il se passe de nouvelles choses, exigeant une réaction de votre part. Votre super plan en tête, vous réagissez d'une façon qui vous est favorable. Vous suivez, finalement, le virage que représente votre nouvel objectif avec un esprit optimiste.

Des ennuis peuvent surgir mais l'énergie du changement est trop forte pour les laisser longtemps vous perturber. Avec un esprit souple et de la créativité pour résoudre les problèmes (voir p.56-59), vous poursuivez votre progression. Chaque fois que vous atteignez une étape-clé de votre parcours, prenez le temps de savourer ce qui est accompli. Enregistrez en vous cette agréable impression et revenez puiser dans ce souvenir le courage nécessaire à vos accomplissements ultérieurs.

Voici quelques points qu'il est utile de vous rappeler pour aiguiser vos compétences à l'action :

Prenez vos responsabilités pour créer le changement désiré. Il est possible que d'autres vous aident mais la force conductrice du processus doit venir de l'intérieur de vous.

Sortez de votre petit confort. Il vous faut mettre à défi la façon dont vous avez toujours fonctionné.

Prenez le contrôle de votre temps. Décernez-vous une durée précise pour créer votre projet et le mettre à exécution.

Entourez-vous de personnes positives pour vous encourager au long du chemin. Les gens négatifs risquent de vous vider de votre énergie en vous décourageant alors que vous tentez de faire quelque chose de neuf.

Il n'y a pas d'excuse aux excuses. Arrêtez de gaspiller votre énergie à chercher des raisons pour prouver que vous ne pouvez y arriver ; canalisez-la dans la recherche des moyens pour y arriver.

Ne vous laissez pas dominer par vos humeurs. Si vous attendez de vous sentir dans la forme idéale, il se peut que vous ne commenciez jamais ; alors choisissez parfois la discipline au lieu d'attendre que votre humeur change.

Oubliez le perfectionnisme. Si vous ne voulez admettre que la perfection, la quasi-certitude d'un échec (à vos yeux) rendra alors impossible toute motivation pour vous embarquer dans votre projet. Diminuez vos exigences afin de pouvoir démarrer.

Voici – précisément *maintenant* – le moment venu pour passer à l'action. Afin de déclencher le processus, répondez à ces questions dans votre journal (voir p.36-37):

- Qu'est-ce que je veux changer ?
- Quelles attitudes me tirent en arrière ?
- Qu'est-ce que cela me coûte d'essayer de faire ce changement ?
- Qu'est-ce que cela me coûte de ne rien tenter ?
- De quelles façons ma vie sera-t-elle améliorée si j'effectue ce changement ?
- Qu'ai-je besoin de faire pour provoquer ce changement ? (Si vous ne le savez pas encore, inscrivez le nom de personnes susceptibles de vous conseiller.)
- Quelle chose puis-je faire dès aujourd'hui pour aller de l'avant ?

Résoudre les problèmes

Votre capacité à gérer un problème dépend en grande partie de votre façon de le considérer. Si vous le voyez comme un obstacle qui vous encercle comme un rempart, vous pourrez vous sentir submergé, découragé et impuissant, ce qui vous poussera à laisser tomber. Mais si vous vous rappelez que le problème est passager, qu'il peut évoluer et représenter pour vous une chance de vous dépasser, vous serez plus à même de le saisir à bras le corps, sans douter du succès et donnant donc à ce dernier d'autant plus de chances de se produire.

Bien qu'il vous faille comprendre la difficulté pour la résoudre, vous devriez essayer de regarder au-delà et vous focaliser plutôt sur la solution. Posez-vous des questions orientées vers la solution. Par exemple, à quels moments le problème n'apparaît-il pas, ou bien, quels sont les moments où vous le ressentez le moins ? Ce type de questions vous aide à considérer les situations où le problème est absent, plutôt que de penser qu'il est partout et qu'il concerne chaque chose. Les solutions se situent parfois dans ces moments-là. Qu'est-ce qui fait que le problème disparaît de temps à autre ? Que pouvez-vous faire pour que cela devienne le cas en permanence ? Un exemple simple : peut-être rencontrez-vous des difficultés concernant les réunions d'affaire. Au bout d'un certain temps, vous réalisez que seules les réunions du matin vous posent problème, et que cela a commencé juste depuis que vous avez décidé de vous passer de petit-déjeuner.

En cherchant une solution à un problème, il est important de réfléchir avec un esprit créatif et souple, de laisser monter les idées les plus diverses (voir exercice ci-contre) et d'examiner la

EXERCICE 6

Servez-vous de votre cerveau droit

Votre cerveau est divisé en deux hémisphères, le droit et le gauche. Le cerveau gauche est avant tout responsable des fonctions de langage et de pensée analytique, et il traite les données de façon linéaire. Le cerveau droit est performant dans la conscience spatiale et visuelle, identifiant les différents modèles et traitant globalement les données. L'exercice suivant se base sur le concept de "carte mentale", recommandé par Tony Buzan, auteur et conférencier sur le pouvoir du mental. C'est une méthode appropriée au cerveau droit, utile pour aborder les problèmes avec créativité. Il vous faut une grande feuille de papier et plusieurs marqueurs de couleurs variées.

1– Au centre de la feuille, faites un dessin, collez une image découpée dans un magazine ou un mot qui exprime votre problème, et entourez d'un cercle.

2– Notez ou dessinez les principaux aspects du problème autour du cercle central, les reliant au cercle par des lignes de différentes couleurs. Ainsi, si le problème était de perdre du poids, les zones clés pourraient être, "régime", "alcool", "exercice", "programme", "motivation". Selon votre code de couleurs, dessinez des sous-sections à partir de chaque zone, indiquant comment exécuter chacun de ces aspects, les pièges éventuels, leurs solutions. Soyez instinctif, et non dirigiste.

3– Vous avez exprimé votre programme avec votre cerveau droit. Évaluez-le maintenant avec votre cerveau gauche, éliminant certaines idées, en conservant d'autres.

situation sous différents angles (voir exercice p.59). Si votre approche est trop rigide, vous risquez de rejeter des idées valables avant même de leur avoir donné la considération qu'elles méritent.

Le *brainstorming* est une autre façon de produire des idées. À l'aide d'un magnétophone, faites la liste, au rythme d'un tir nourri, des solutions possibles. Toute idée est acceptable ; ne cherchez pas pour l'instant à les évaluer. Poussez-vous à réfléchir rapidement en accordant à votre "remue-méninges" un temps limite. Ensuite, écoutez ce que vous avez enregistré et notez chacune des idées sur un post-it. Collez les notes sur le mur tout autour de vous et évaluez alors vos idées de manière objective. Pour chacune à tour de rôle, interrogez-vous : "Qu'est-ce qu'il y a de bien dans cette idée ?" et "Qu'est-ce qui ne va pas ?" Imaginez le maximum de déroulements possibles de ces idées, éliminant celles qui ne sont pas prometteuses en ôtant du mur les post-it qui s'y rapportent, pour laisser seulement celles qui en valent la peine. Lorsque vous avez terminé cette évaluation, développez les idées qui ont survécu. Réfléchissez aux opportunités qu'elles offrent et rédigez un programme d'action pour chacune d'elles, spécifiez toutes les étapes nécessaires, esquissez un plan réaliste et faites la liste des besoins pour les concrétiser. Soyez vigilant d'accueillir toute hypothèse ou jugement qui peuvent vous venir à l'esprit en cours de processus, et mettez-les à défi. Efforcez-vous de juguler toute pensée négative. Finalement, réfléchissez à ce qu'il en sera pour vous, une fois le problème éliminé (ou nettement réduit). Imaginer l'avenir sans ce problème vous motivera à effectuer les changements nécessaires.

EXERCICE 7

Assouplissez votre mental, vous référant à des célébrités

Il peut être difficile d'évaluer les problèmes avec d'autres points de vue que les vôtres, mais des points de vue variés peuvent révéler des solutions riches en imagination. Utilisez cet exercice pour développer un mental flexible.

1– Définissez clairement votre enjeu ; par exemple, "je désire un emploi mieux payé mais en ce moment il n'y a aucune embauche dans ma liste de jobs préférés."

2– Élisez 4 ou 5 célébrités qui sont des modèles pour vous par leur philosophie de vie ou pour tout autre talent. Imaginez le conseil qu'elles vous donneraient. Par exemple, le champion de golf Tiger Woods dirait : "Concentrez votre énergie sur une chose à la fois, exercez vos dons et continuez à penser que vous êtes le meilleur de tous." Mère Teresa pourrait vous dire : "Trouvez une occasion de volontariat dans le travail que vous recherchez afin de vous enrichir d'une nouvelle expérience. En aidant les autres, vous vous aidez vous-même."

3– Demandez-vous : "Qu'arriverait-il si..." vous preniez en compte le conseil imaginaire que vous offriraient ces modèles. "Qu'arriverait-il si j'écoutais Tiger Woods et prenais les choses les unes après les autres ? Qu'arriverait-il si je m'exerçais pendant ce temps-là ? Et si je me disais que j'étais le meilleur ?

4– Servez-vous de ces "Qu'arriverait-il si..." pour explorer diverses perspectives chaque fois que vous vous sentez découragé, apathique ou stressé.

Faire des auto-projections

Betty s'inquiète à l'idée de sa première rencontre avec ses futurs beaux-parents. "Ils ne vont pas m'aimer," se tourmente-t-elle. "Ils vont trouver que je ne suis pas assez sophistiquée pour Allan. La seule chose qui les intéresse est l'opéra. Comme d'habitude, je ne pourrai m'intégrer. Je suis sûre qu'ils vont tout simplement m'ignorer. Je me ferai discrète et ne laisserai pas montrer que je n'y connais rien en opéra."

Comme prévu, la soirée est désastreuse. Betty reste silencieuse et réservée tandis que les parents d'Allan discutent avec enthousiasme du dernier opéra produit. Au départ, ils ont fait quelques tentatives polies pour l'inclure dans la conversation, mais devant son manque de réciprocité, ils ont abandonné et l'ont ignorée. Le propre comportement de Betty permet à ses projections de se voir confirmées.

Cet épisode imaginaire illustre simplement le pouvoir que nous avons d'influencer la manière dont les choses tournent, pour le meilleur ou, comme ici, pour le pire. Tout d'abord, nos attentes gouvernent nos intentions, lesquelles règlent notre comportement, qui lui-même influence le comportement des autres personnes impliquées. La supposition de Betty, prévoyant que ses beaux-parents ne l'aimeraient pas, la conduisit à l'intention de ne pas attirer l'attention sur elle, ce qui conduisit à son attitude silencieuse laquelle, en retour, les conduisit à l'ignorer. Voir votre prédiction confirmée renforce votre croyance en elle, favorisant la répétition à l'avenir d'un tel scénario.

La prédiction la plus encline à influencer notre réussite ou notre échec est celle que nous faisons sur notre aptitude à réussir, connue sous le nom d'auto-efficacité. Comme le déclare le psychologue Albert Bandura, l'auto-efficacité "ne représente pas nos talents mais plutôt ce qu'il nous semble possible de faire avec ces talents." Si vous pouvez hausser votre niveau d'auto-efficacité, vos auto-projections seront à tous les coups positives ; vous aborderez les situations en vous attendant au succès et vous vous attendrez à ce que les autres vous voient sous votre angle positif, attitude qui les incitera à faire ainsi. Par exemple, si Betty s'était dit : "OK, il est vrai que je ne connais pas grand-chose à propos des opéras, mais je peux montrer aux parents d'Allan que je m'intéresse à ce qu'ils ont à dire et qu'il y a une montagne de choses dont je peux discuter avec eux." Il est alors plus que probable que sa soirée se serait bien mieux passée.

Vous pouvez apprendre à faire des projections plus positives sur vos compétences (votre auto-efficacité) et sur la manière des autres de vous traiter, ce qui mènera vos efforts à de meilleurs résultats.

Un moyen d'augmenter votre auto-efficacité est de tirer de l'inspiration des succès de vos amis. Au lieu de prendre leurs accomplissements comme un bâton pour mieux vous battre, faites l'examen des facteurs qui les ont menés au succès. Pensez à la somme de travail pénible qu'ils ont dû fournir, et rappelez-vous que s'ils en ont été capables, il n'y a aucune raison qu'il n'en soit pas de même pour vous.

Une autre méthode est de rechercher les encouragements de quelqu'un dont l'opinion est valable à vos yeux. Allez voir cette personne et décrivez-lui le problème dans lequel vous vous débattez ; généralement, elle sera capable de vous offrir une évaluation de votre aptitude à relever le défi plus objective et plus positive que celle que vous pouvez circonscrire. Dans le cas où il ne vous est pas possible d'en appeler à l'aide d'une personne réelle, l'exercice suivant vous indique comment mener cette conversation avec vous-même.

Utilisez l'empathie (voir p.21) pour projeter de façon plus positive les réactions des autres à votre sujet. Au lieu de sauter à la conclusion qu'ils vous verront de façon négative, tentez d'anticiper vos échanges avec eux d'après leur propre point de vue. Comment vous jugeriez-vous si vous étiez à leur place ? (Ceci vous aidera à réaliser que les autres vous jugent très certainement mieux que vous ne le faites vous-même). Avez-vous de la rancune à leur égard ? Il est probable que non. Dans ce cas, pourquoi persister à croire qu'ils penseront du mal de vous ?

Les auto-projections sont des outils extrêmement puissants. Assurez-vous de les utiliser pour vous renforcer et non pour vous abattre. Écoutez ces paroles d'Henry Ford : "Que vous estimiez être capable de faire telle chose ou en être incapable, vous avez raison."

EXERCICE 8

Qu'espérez-vous ?

Si, en entreprenant une chose nouvelle, vos espérances sont faibles, essayez la technique de la "chaise vide" ; elle vient de la Gestalt thérapie, une version de la psychothérapie qui oriente les gens vers l'identification et la transformation des suppositions qui les bloquent. Ce "jeu de rôle" vous offre la chance d'exprimer vos attentes, de les examiner et d'aboutir à des prédictions plus constructives.

1– Dans une pièce tranquille, asseyez-vous sur une chaise, face à une autre chaise, vide. Visualisez-vous virtuellement assis sur la chaise vide.

2– Vous adressant à haute voix à votre moi virtuel, exposez vos prévisions négatives sur l'événement à venir, tout en apportant une fin positive. Si, par exemple, vous vous inquiétez sur la rentrée en faculté, vous pourriez vous dire : "Je suppose que tous les étudiants seront meilleurs que vous et qu'ils ne vous aimeront pas, mais vous pouvez transformer cette possibilité."

3– Débattez alors de votre droit à vous attendre au succès : "Quand vous avez commencé l'école, vous avez eu les mêmes sentiments que maintenant, et pourtant vous avez eu de bons résultats et vous êtes fait nombre d'amis ; la même chose se passera pour votre entrée à l'université."

4– En exposant vos nouvelles attentes à voix haute, ressentez votre confiance et votre optimisme ravivés. Redressez-vous sur votre chaise. En transformant vos suppositions, vous permettez à vos auto-projections de jouer en votre faveur.

Construire sa confiance en soi

Comme nous l'avons vu, les optimistes possèdent un grand nombre de qualités appréciables, comme la conscience de soi, la résilience et la joie de vivre. Mais aucune attitude n'est plus précieuse à l'optimiste que sa confiance en soi. En vous fiant à vos capacités pour faire ce que vous avez à faire, vous abordez tout ce que vous entreprenez avec l'espérance du succès. Vous attendre au succès est un puissant agent de motivation qui vous aide à persévérer même en présence d'obstacles. Et, bien entendu, des attentes positives tendent à mener à des résultats positifs (voir p.60-63).

Il n'est pas vrai, comme certains l'affirment, que ceux qui ont confiance en eux sont prétentieux. Les gens qui ont confiance en eux ont leurs doutes et leurs pensées négatives à propos d'eux-mêmes et de leurs compétences. C'est juste qu'ils ont une conscience d'eux-mêmes qui leur permet de reconnaître ces pensées et de les remplacer par des alternatives positives. Ne confondez pas la vantardise avec l'assurance ; les gens authentiquement confiants n'éprouvent pas le besoin de s'occuper d'eux-mêmes ni de leurs faits et gestes, ni de dénigrer les autres pour se sentir satisfaits d'eux-mêmes.

Là où les gens confiants s'attendent au succès, ceux qui manquent de confiance en eux sont souvent dans ce cas parce qu'ils redoutent l'échec. Cette peur crée un cercle vicieux de doute de soi : si vous ne tentez jamais rien, par peur d'échouer, vous perdrez la mémoire emmagasinée des réalisations déjà accomplies que les optimistes, eux, peuvent aller chercher pour construire leur confiance. Lorsque c'est la peur qui vous contrôle au lieu que ce soit vous qui la contrôliez, il est temps d'inventer un plan d'action. Cela peut sembler intimidant au début mais, en décomposant le processus selon les étapes suivantes, vous pourrez passer du cercle vicieux de la peur au cercle vertueux de la confiance !

Affrontez vos peurs. Dans votre journal de l'optimisme (voir p.36-37), dressez, pour un certain enjeu auquel vous devez faire face, la liste de tous les aspects qui vous inquiètent et vous empêchent de vous y atteler. Par exemple, si vous manquez d'assurance pour parler en public, vous écrirez peut-être ce genre de choses : "Pendant mon discours, je risque d'oublier la phrase suivante" ; "Les gens pourraient se moquer de moi" ; "Ils pourraient me trouver stupide." Examinez chacun de vos soucis, l'un après l'autre. Ont-ils la moindre raison d'être ? Imaginez qu'ils se concrétisent : serait-ce en réalité si terrible que cela ? Remettez vos peurs à leur place en inscrivant une réponse optimiste pour chacune d'entre elles. Par exemple, "Pendant mon discours, j'ai peur d'oublier la phrase suivante – mais ce n'est pas la fin du monde."

Prenez les choses l'une après l'autre. La confiance se développe mieux à travers une série de petits succès que sur l'édification d'un grand projet. Viser trop haut sans

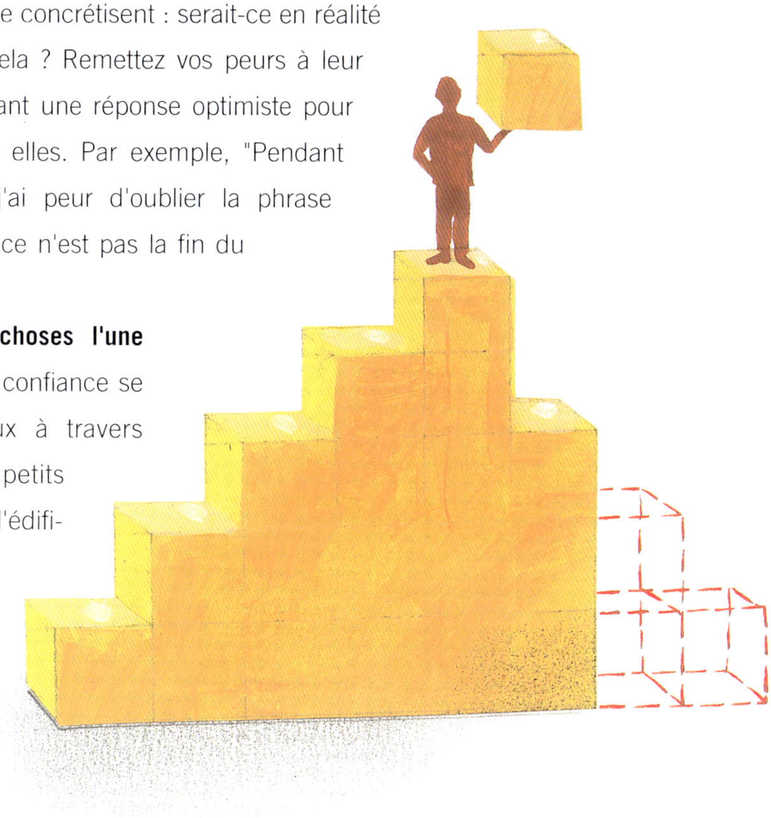

traverser les étapes intermédiaires risque de vous faire retourner au cycle d'échecs et de doutes sur vous-même. Prenant encore l'exemple du discours en public, la première étape pourrait être de s'inscrire à un atelicr qui enseigne à parler avec assurance. Gagnez en confiance de cette façon, avant de vous mettre à prendre régulièrement la parole dans des réunions de travail, et concevez seulement ensuite de vous attaquer à un public plus large.

Préparez-vous. Ne mettez pas en danger votre confiance naissante en vous embarquant dans une nouvelle situation sans vous être organisé et exercé de façon adéquate. Sentir que vous êtes dans les meilleures conditions augmentera votre confiance en vous et pourra vous aider à surmonter le trac de dernière minute. Maintenez positif votre monologue mental (voir p.35), par exemple en vous répétant sans arrêt "Je peux y arriver."

Ayez une attitude confiante active. Rappelez-vous que le langage de votre corps influe sur la façon dont vous vous sentez et sur celle dont les autres vous perçoivent. Regardez les gens dans les yeux lorsque vous leur parlez, gardez la tête haute, parlez d'une voix ferme, et souriez.

Attention au "tout ou rien". C'est un piège que se créent les perfectionnistes. Si le résultat n'est pas parfait, le perfectionniste estime avoir complètement échoué. Il est bien plus constructif de se tourner vers ce qui s'est bien passé.

Savourez vos réussites. Une fois accompli votre challenge, prenez le temps de recevoir des éloges, de vous-même et des autres. Récompensez-vous d'avoir eu le courage d'affronter votre peur et de l'avoir traversée. Créez dans votre journal une page spéciale "mes succès", où vous relaterez vos réalisations en détail.

EXERCICE 9

Visualisez votre confiance en vous

La visualisation est une sorte de méditation qui implique l'usage de votre imaginaire pour changer la façon dont vous vous sentez. Cet exercice est conçu pour vous aider à rehausser votre confiance en vous, en vous visualisant dans l'accomplissement d'un projet.

1– Plantez un scénario réclamant de la confiance de votre part. Par exemple, la première rencontre avec votre nouveau patron dans une réunion d'équipe. Employez tous vos sens pour mettre en place la scène : vous pouvez imaginer l'odeur de café du percolateur dans la salle de réunion, le son de la photocopieuse juste derrière la porte.

2– Décrivez la façon dont vous désirez que le scénario se déroule, avec le maximum de détails. Par exemple : quelles personnes seront là ? Comment désirez-vous vous sentir ? Que désirez-vous dire ? Comment désirez-vous que votre patron vous réponde ?

3– Récapitulez point par point votre description et relisez-la jusqu'à ce que vous en mémorisiez les étapes.

4– Maintenant que vous avez mis en mémoire votre visualisation, il est temps de la jouer. Détendez-vous et respirez lentement, régulièrement et profondément. Les yeux clos, imaginez chaque détail de la scène, jouez-la mentalement comme un film. Voyez-vous en train d'agir en toute confiance dans toutes les phases du scénario et imaginez ce que l'on ressent quand on est confiant.

5– Pratiquez cette visualisation chaque fois que vous avez besoin d'élaborer votre confiance.

Recadrer vos pensées

Recadrer les pensées est une stratégie employée par les optimistes pour découvrir le sens positif de situations apparemment négatives. En choisissant volontairement de regarder une difficulté sous un éclairage positif, vous gagnez automatiquement du contrôle sur elle, ce qui aide à réduire votre sentiment de détresse et d'angoisse tout en augmentant votre bien-être et votre motivation à surmonter le problème, quoi qu'il arrive.

Si vous voulez une simple démonstration de ce qu'apporte un encadrement, allez visiter une galerie d'art. Choisissez un tableau et posez sur lui une série de cadres les plus variés. Voyez comme le tableau diffère selon chacun d'eux. Les divers genres de cadre font ressortir différents aspects du tableau et ont même le pouvoir d'influencer l'ambiance générale évoquée. Ce n'est qu'en jouant avec plusieurs encadrements que vous pourrez apprécier l'effet de celui d'origine. De la même façon, ce n'est qu'en cherchant à changer votre cadre de référence que vous pourrez constater combien une attitude négative devant une situation difficile entrave votre capacité à la gérer.

Vouloir considérer vos pensées sous un autre cadrage implique deux phases principales. Le premier pas est de comprendre le cadre initial de votre pensée en vous demandant : "Qu'est-ce que je sens devant cette situation ? Et ces sentiments, que me donnent-ils envie de faire à propos de la situation ?" Le pas suivant est de créer un nouveau cadre de référence en regardant les circonstances de façon positive. Si l'on prend un exemple de la vie ordinaire comme celui de rater le train, votre

première pensée pourrait être : "Quel idiot je suis ! Si j'avais marché un peu plus vite, je l'aurais attrapé. Maintenant, il va falloir que j'attende une heure en traînant ici et, ce soir, je ne serai pas à la maison avant 23 h." Votre pensée repositionnée sous un autre cadre serait : "Ce n'est pas grave. Je vais profiter de ce temps pour chercher un cadeau d'anniversaire pour mon frère. Ou bien je vais aller prendre un thé dans un café et me détendre en regardant le monde autour de moi."

Cet exemple permet d'identifier le bénéfice inattendu – le bienfait dissimulé – derrière les circonstances adverses, et d'en profiter. Cette technique du recadrage de la pensée est fondamentale. De même, si vous êtes licencié de votre travail, le bénéfice pourrait être d'avoir plus de temps à passer avec vos enfants ou de pratiquer votre passe-temps favori jusqu'à ce que vous trouviez un nouvel emploi.

Mais d'autres situations réclament des techniques de recadrage différentes. Il peut être nécessaire, dans certains cas, de démystifier le problème par la compréhension de ce qui l'a provoqué : "Mon toit fuit simplement parce qu'une tuile a été abîmée par l'orage. Je vais la remplacer et ainsi le toit ne fuira plus." Une autre méthode de recadrage est de repositionner un problème sous forme de défi (voir p.56). Par exemple, vous pourriez recadrer un moment particulièrement stressant au travail en vous disant : "Mon job est vraiment passionnant en ce moment. Il y a plein de problèmes à régler.

C'est une chance pour moi de montrer ce que je sais faire."

Votre nouveau cadre n'est pas obligé d'être toujours sur mesure. Commencez par rassembler toutes les affirmations stéréotypées qui peuvent vous être utiles pour recadrer vos réactions devant des difficultés passagères. Par exemple : "Ça pourrait être pire" ; "Il y a une raison à tout" ; et : "La semaine prochaine, ça n'aura plus aucune importance." Si vous perdez votre mallette, vous pourriez vous dire : "Ce n'est pas si grave. C'est seulement de l'argent. Il y a des gens qui sont confrontés à des problèmes bien plus importants." Même si ces genres de pensées sont devenus des automatismes pour vous, ils gardent tout de même un sens.

Nous avons vu que le fait de recadrer vos pensées vous permet de gérer des ennuis relativement légers. Mais cela peut également vous aider à appréhender des événements plus traumatisants, comme le fait de recevoir le diagnostic d'une maladie grave (voir p.92), ou de subir un deuil. À ces moments-là, notre foi en la justice de la vie risque d'être ébranlée. Discerner un sens positif, regarder votre épreuve comme faisant part d'un tableau plus vaste peut aider à réduire les dommages psychologiques causés par le traumatisme.

On cherche souvent la signification des événements tragiques au sein des croyances religieuses ou spirituelles. Votre foi, reliée au support d'une communauté religieuse, peut devenir source de réconfort quand les temps sont durs. C'est pourquoi la foi religieuse et la spiritualité sont associées à l'optimisme et à la résilience.

Changer de cadre ne va pas magiquement vous faire voir la vie en rose mais peut vous aider à accepter votre perte et à en tirer un enseignement.

EXERCICE 10

À quelque chose malheur est bon

Il n'est pas toujours aisé de trouver le côté positif dans l'adversité. Le but de cet exercice est de vous guider dans cette recherche en vous aidant à analyser les circonstances d'une façon structurée.

1– Sur une feuille de papier ou une page de votre journal (voir p.36-37), dessinez trois colonnes. Dans la première, définissez la situation que vous avez à affronter, par exemple "démarrer un nouvel emploi".

2– Dans la colonne du milieu, décrivez votre première interprétation de la situation : êtes-vous inquiet, perturbé, contrarié ? Pourquoi vous sentez-vous ainsi ? Reprenant l'exemple du point 1 : "Je suis angoissé ; personne ne me connaîtra et je ne conviendrai peut-être pas pour cet emploi."

3– Dans la troisième colonne, énumérez les moyens de réinterpréter positivement les circonstances. Par exemple, "Je ne suis pas angoissé, je suis excité" ; "Je peux me servir de mon angoisse pour me motiver à faire de mon mieux" ; ou "Je ne connais personne et c'est une grande chance de rencontrer plein de nouvelles personnes intéressantes." Pour vous stimuler, posez-vous certaines de ces questions : Que peut-il sortir de bon de cette situation ? Quelles leçons à tirer pour l'avenir ? Quelle force est-ce que j'en retire ? Quel sens a encore cette expérience ?

4– Si vous résistez, demandez à un ami fiable de vous aider à déclencher des idées. Mais, avec la pratique, vous verrez que la réinterprétation positive deviendra une habitude positive.

Optimisme et santé corporelle

Votre tête et votre corps sont reliés par davantage que votre cou. De toute évidence, votre attitude exerce une puissante influence sur votre santé physique. Les gens optimistes, qui éprouvent quantités d'émotions positives, telles que la joie de vivre et la confiance en soi, ont tendance à avoir un système immunitaire plus fort, à récupérer plus vite des suites d'une opération et à vivre plus longtemps que ceux chez qui un tempérament pessimiste prédomine. La connexion corps/esprit existe aussi dans l'autre sens : prendre soin de votre corps, en mangeant correctement et en faisant de l'exercice régulièrement, a un impact positif sur votre humeur.

Dans ce chapitre, nous regarderons les moyens de prendre en main votre santé : comment contrôler votre bien-être physique, comment prendre la maladie et la douleur comme des défis à relever plutôt que des épreuves à subir, et comment intégrer les principes d'une vie saine dans votre existence quotidienne.

La connexion corps/esprit

Prenez quelques secondes pour fermer les yeux et imaginer que vous mettez une tranche de citron dans votre bouche et la mastiquez. Est-ce que votre bouche se met à saliver ? Si oui, c'est juste un exemple pour montrer comment le mental peut affecter le corps. Le simple fait de penser quelque chose peut déclencher une réaction physique. De même, le corps influence l'esprit, ce qui explique pourquoi, par exemple, l'exercice nous rend souvent de bonne humeur (voir p.82). En comprenant et en tirant partie de la connexion qui existe entre le corps et l'esprit, nous pouvons exercer une influence importante et bénéfique sur notre bien-être physique et mental.

La plus grande force du corps humain est celle qui conduit naturellement le corps à se soigner lui-même, mais cette force n'est pas indépendante du système de croyance ... tout commence par la conviction.

Norman Cousins (1915-1990)

De nombreuses sources scientifiques mettent en évidence la forte interaction qui existe entre le psychologique et le physique. La psycho-neuro-immunologie, par exemple, observe comment les émotions et les comportements, spécialement ceux qui sont associés au stress, influent directement sur le système immunitaire. Bien que le stress soit avant tout un ressenti psychologique, il provoque également une réaction physique, sous forme de production accrue d'adrénaline (épinéphrine) qui provoque une tension des muscles et une respiration superficielle et rapide. En outre, l'adrénaline détruit les globules blancs, dont l'importance est cruciale pour un bon système immunitaire. Ainsi, si vous souffrez du stress de façon chronique, votre taux d'adrénaline sera constamment élevé et vous aurez davantage de risques de tomber malade.

Inversement, si vous diminuez votre niveau de stress (voir p.108-113), par exemple en changeant votre attitude face aux situations difficiles, en étirant vos muscles et en régulant votre respiration, vous soutiendrez votre système immunitaire et vous protégerez contre la maladie.

Un autre aspect important de la connexion corps/esprit est l'effet placebo. De nombreuses études ont démontré comment la condition d'un patient convaincu que la prise de tel médicament allégera ses symptômes sera sans nul doute améliorée, même si le remède est un placebo, c'est-à-dire inactif au niveau pharmaceutique. Ceci a conduit les chercheurs à découvrir que nos opinions à propos d'un médicament ont un effet sur notre condition neurochimique qui, à son tour, affecte notre corps.

D'autres recherches ont suggéré que la foi, au sens le plus large, peut aider les gens à rester en bonne santé. La spiritualité a montré, entre autres choses, qu'elle permet d'éviter la dépression, qu'elle accélère la convalescence et aide à s'adapter à un handicap. Une étude indique que les individus qui assistent au moins une fois par semaine à un service religieux possèdent un meilleur système immunitaire que ceux qui ne pratiquent pas de religion de manière active. Le Dr Herbert Benson, auteur de *Timeless Healing : The Power and Biology of Belief* (1996), déclare que 60 % des visites d'un individu normal chez le médecin sont provoquées par des désordres liés au stress mais que, chez les personnes se présentant comme ayant une spiritualité, le taux tombe entre 35 et 50 %.

Ce lien établi entre spiritualité et santé a provoqué l'essor d'une autre branche de la recherche, incitant les médecins à se servir de la foi de leurs patients pour aider ceux-ci à guérir. Une étude récente, menée par J. Lebron McBride, expert en médecine comportementale, a trouvé que, lorsque les médecins prennent en compte les convictions spirituelles de leurs patients pour établir leurs traitements (par exemple en leur suggérant de chercher un soutien dans leur communauté spirituelle), ces patients s'améliorent plus rapidement que d'autres avec des conditions analogues.

Mais point n'est besoin de souscrire à un système de croyance dans le but de récolter pour votre santé les bénéfices d'une attitude positive. Une étude effectuée aux États-Unis en 2000 à la Clinique Mayo a montré que les optimistes avaient tendance à vivre plus longtemps que prévu tandis que les pessimistes mourraient plus prématurément. Afin de développer une approche optimiste vis-à-vis de votre santé, vous avez besoin d'entretenir un sens de contrôle sur votre propre condition. Plutôt que d'ignorer un problème de santé et d'espérer qu'il disparaîtra tout seul, prenez-le en charge en allant demander sans tarder l'avis d'un médecin. Et si une maladie est diagnostiquée, essayez de la prendre comme un défi à relever plutôt que comme une source de souffrance sur laquelle vous êtes impuissant à avoir la moindre incidence.

Des thérapies bien précises existent qui combinent le corps et l'esprit, et vous pouvez les utiliser pour garder le contrôle de votre santé ; elles incluent la méditation (voir p.111), le yoga (voir l'encadré ci-contre) et l'hypnose. En vous autorisant à entrer dans un état de relaxation et de profonde concentration et en ouvrant votre esprit à la suggestion, l'hypnose peut vous aider, entre autres choses, à surmonter l'anxiété et la dépression, à gérer la douleur et à vaincre les dépendances.

Optimisme et yoga

Le yoga est une méthode holistique pour améliorer votre santé physique et psychique. Selon des études faites à ce sujet, les postures de yoga et les techniques respiratoires diminuent l'anxiété, la dépression et les douleurs chroniques et augmentent l'optimisme, la confiance en soi, la concentration et le calme. Suivez un atelier de yoga ou louez une vidéo pour essayer cette magnifique méthode de méditation en mouvement.

Le contrôle de la respiration est fondamental dans la pratique du yoga et exige de la concentration. Le bénéfice de fixer ainsi votre attention est que, pendant que vous vous concentrez sur la respiration, vous ne pouvez penser à rien d'autre, ce qui offre à votre mental une pause par rapport au reste de votre vie, vous laissant plus calme et mieux disposé à penser positivement.

Pranayama – la respiration du yoga

Si vous souhaitez une méthode rapide et sûre pour changer votre état d'esprit, essayez cette respiration pratiquée en yoga. L'effet calmant du Pranayama agit rapidement en réponse à une situation de stress, ou aide à vous remonter le moral quand vous n'êtes pas en forme. Vous pouvez l'exécuter n'importe où, n'importe quand. Le Pranayama peut être accompli assis, debout ou allongé sur le dos. La clé est de laisser votre abdomen se dilater à l'inspir et se relâcher à l'expir.

- Inspirez par les narines dans la partie inférieure de vos poumons et dilatez l'abdomen, remplissant d'air la partie centrale des poumons, et finissez en dilatant le haut de la poitrine.
- Retenez quelques secondes votre respiration.
- Expirez lentement par le nez tout en rentrant légèrement le ventre.
- Relâchez, faites quelques respirations normales, puis répétez le tout cinq à dix fois.
- Pratiquez cette respiration jusqu'à ce que vous puissiez la faire de façon continue.

Une bonne gestion de votre santé

Diriez-vous que vous êtes en bonne santé ? Faites attention à votre réponse car elle joue un rôle plus important qu'il n'y paraît pour déterminer votre réel niveau de santé. Comme pour tant d'aspects de la connexion corps/esprit, si vous croyez être en bonne santé, votre santé en sera réellement améliorée. Et si vous êtes en bonne santé, vous vous sentirez en bonne santé.

La perception de son propre état de santé a été le sujet de quantités de recherches. L'une de ces études a trouvé que les personnes pessimistes sur leur état de santé, malgré un bilan favorable établi par leur médecin, tendaient à mourir un peu plus tôt que celles qui étaient optimistes sur leur santé, même si ce n'était pas l'avis de leur médecin. Au cours d'une autre étude, menée à l'Université de Duke en Caroline du Nord, il fut demandé à 3000 malades cardiaques d'évaluer leur santé entre "mauvaise", "moyenne", "bonne" ou "excellente". Ceux qui avaient estimé qu'elle était "mauvaise" ont eu approximativement une probabilité trois fois plus grande de mourir dans les trois années suivantes que ceux qui avaient choisi "excellente".

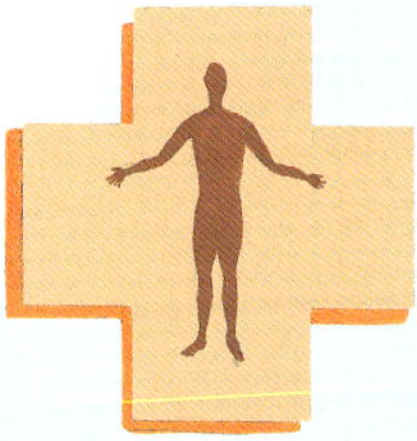

Donc, vous arranger pour avoir une claire perception de votre état de santé fait partie intégrante d'une bonne gestion de votre santé. Pour vous sentir en bonne santé, il est important d'entretenir un sens de contrôle sur votre santé. Comme nous l'avons appris, les optimistes sont convaincus d'avoir le pouvoir intérieur de contrôler nombre d'aspects de leur vie, et leur santé ne fait pas exception. Cette opinion est connue sous le nom de "point de contrôle" interne (voir l'encadré ci-contre). Ce sens de contrôle influence d'une part votre attitude par rapport à votre santé mais il détermine également votre comportement. Par exemple, les optimistes rechercheront relativement tôt un traitement de leur médecin, accepteront de se plier s'il le faut à des traitements spéciaux, et ils sont enclins à manger sainement et à faire régulièrement de l'exercice. Ils agissent ainsi avec la conviction que cela fera une différence pour leur santé, ce qui est bien sûr le cas. Par contre, les pessimistes se laissent piéger dans un état

Vous sentez-vous en contrôle de votre santé ?

Ce questionnaire, adapté avec l'autorisation du Dr Ken Wallston, permet d'évaluer votre "point de contrôle" sur votre état de santé (indiquant dans quelle mesure vous vous sentez en contrôle de votre santé). Utilisez l'échelle suivante pour indiquer jusqu'où vous vous identifiez avec chacune des affirmations suivantes. Comme pour les autres questionnaires de ce livre, rappelez-vous qu'il n'y a ni bonne ni mauvaise réponse.

1 = pas du tout d'accord / 2 = pas vraiment d'accord / 3 = plutôt contre
4 = plutôt pour / 5 = à peu près d'accord / 6 = tout à fait d'accord

- ☐ Si je tombe malade, il n'en tient qu'à moi de déterminer quand je guérirai.
- ☐ Je suis en contrôle de ma santé.
- ☐ Si je tombe malade, je suis le seul à blâmer.
- ☐ Le principal de ce qui affecte ma santé vient de ma façon d'être.
- ☐ Si je prends soin de moi, je peux éviter les maladies.
- ☐ Si j'agis comme il le faut, je peux rester en bonne santé.

Un score de 25 ou plus indique un "point de contrôle" vraiment interne ; entre 13 et 24, il est dans la moyenne ; 12 ou moins suggère un "point de contrôle" particulièrement situé à l'extérieur (voir p.80).

d' "impuissance acquise" (voir p.32-33). Ils ne voient pas l'intérêt, disons, d'arrêter de fumer, et ils évitent l'exercice estimant que, quoi qu'ils fassent, cela ne changera rien à leur état de santé. Ils placent leur point de contrôle à l'extérieur.

Si vos réponses au questionnaire de la p.79 suggèrent que votre "point de contrôle" sur votre santé est placé à l'extérieur, il existe des moyens simples de reprendre vous-même le contrôle. Les prochaines sections de ce chapitre vous expliqueront comment améliorer de façon active votre santé, en intégrant la pratique d'exercices bénéfiques ainsi que des habitudes saines de manger et de dormir. Vous devriez aussi maîtriser le suivi de votre santé. Prenez l'habitude de vous faire faire des bilans et des examens, à vous ainsi que pour votre famille. Des visites préventives de dépistage, comme la prise de la tension artérielle, une analyse de cholestérol ou les examens pour dépister les cancers les plus communs, peuvent alerter votre médecin suffisamment tôt s'il y a un problème, rendant celui-ci plus facile à traiter, et vous donnant d'autant plus de chances de vous rétablir complètement. L'exercice ci-contre vous montre comment utiliser un carnet de santé afin d'aider votre praticien à obtenir une vision claire de tous vos symptômes.

Cette manière d'aborder le sujet par le menu peut paraître la recette idéale pour les hypocondriaques. Mais prendre en main votre santé ne veut pas dire chercher les problèmes là où il n'y en a pas ; il est question, en revanche, de mettre en place un cadre pour favoriser une bonne santé et traiter les problèmes susceptibles d'apparaître. En fait, en faisant du suivi de votre santé une routine, la question de prendre soin de vous prendra soin d'elle-même.

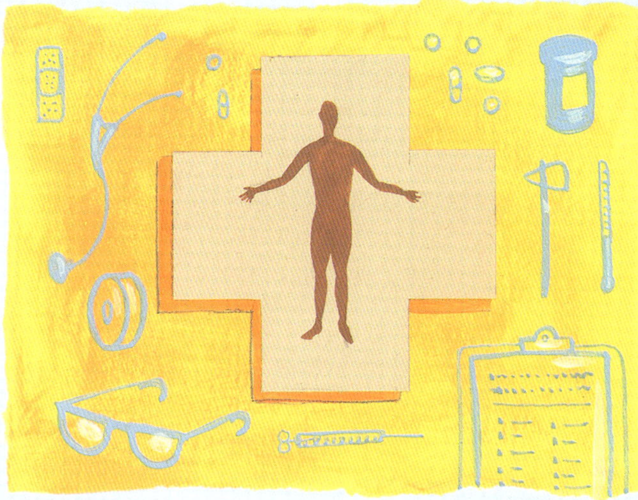

EXERCICE 11

Tenez un carnet de santé

Un carnet de santé est un outil inestimable pour gérer votre santé en partenariat avec tous les professionnels de santé à qui vous aurez affaire tout au long de votre vie. Il vous permet de garder trace de l'historique de votre santé (au cas où vos documents médicaux s'égareraient) et d'enregistrer des détails de symptômes qui s'avéreront fort utiles à votre médecin pour vous établir des diagnostics précis et les traitements appropriés.

1– Prenez un cahier normal ou un carnet de santé spécialement conçu à cet effet. Commencez par consigner rétrospectivement le plus de données sur votre passé médical qu'il vous est possible de vous remémorer, incluant vaccins, maladies d'enfance, allergies, hospitalisations, opérations, résultats d'examens et ordonnances, aussi bien que les conditions génétiques spécifiques à votre famille. Gardez la trace de tous vos rendez-vous médicaux en inscrivant la date, le nom du médecin, la raison de la visite, les symptômes, et les examens effectués. Maintenez cet agenda à jour.

2– Si vous souffrez d'une maladie chronique, telle que de l'arthrite rhumatismale ou un syndrome de colite, décrivez tout symptôme ressenti. Apparaissent-ils fréquemment, et pour quelle durée ? Décrivez chaque douleur, en la localisant, ainsi que sa nature et son intensité. Il pourrait être utile de noter aussi ce que vous mangez. Cela pourrait aider votre médecin à faire un lien éventuel avec les symptômes que vous éprouvez.

3– Par précaution, avisez un membre de votre famille ou un ami de l'endroit où vous rangez votre carnet de santé.

Le bonheur c'est la santé

Il n'est pas difficile de concevoir le rôle clé que joue votre corps sur l'influence de vos états d'âme. Quand vous êtes de mauvaise humeur, il se peut que vous vous retrouviez à accuser, par exemple, les tensions au travail ou l'incertitude de l'avenir. Il est possible aussi que vous vous convainquiez d'avoir un tempérament de nature mélancolique. Pourtant, la raison pourrait simplement venir de ce que vous êtes resté rivé à votre bureau trop longtemps, ou que vous avez mangé trop de choses de qualité médiocre ou sauté trop de repas, ou que vous êtes mécontent (à juste titre ou non) de votre poids, ou encore que vous manquez de sommeil. Comme nous allons le voir dans les sections suivantes, vous pouvez résoudre les problèmes de chacun de ces aspects – exercice, alimentation, contrôle du poids, sommeil – sans remanier votre vie de fond en comble, sans thérapies ni changement de carrière, mais juste par une série de pas progressifs vers une vie plus saine, vers la joie de vivre et une attitude plus positive.

Faites de l'exercice

L'outil numéro un à votre disposition pour améliorer vos états d'âme est l'exercice. Au niveau psychologique, faire de l'exercice vous offre l'occasion de vous distraire des aspects stressants de votre vie, une brève pause hors de vos soucis. C'est aussi la possibilité de viser des buts clairement définis, tels qu'augmenter en vitesse sur le trajet où vous courez, un excellent stimulant pour votre confiance

EXERCICE 12

Organisez-vous un programme d'exercice

Dès que vous avez obtenu de votre médecin l'autorisation de commencer ou de reprendre un programme d'exercice, le pas suivant est de l'organiser. Un planning vous aide à surmonter les deux obstacles majeurs à une pratique régulière : le manque de temps et le manque de motivation.

1– Décidez du meilleur moment de la journée pour faire de l'exercice. Choisissez le moment le plus favorable afin de vous y tenir dans le temps. Votre motivation sera plus forte dans les moments où votre niveau d'énergie est élevé. Êtes-vous du matin, ou fonctionnez-vous mieux l'après-midi ou le soir ?

2– Décidez de la durée de vos séances d'exercice. Elles ne sont pas obligées d'être toutes les mêmes. Si vous ne disposez, le lundi, que de 15 minutes, mais pouvez avoir une heure entière le mardi, tenez-en compte. La clé est de garder un rythme facile et accessible. Psychologiquement, vous vous sentirez mieux si vous avez respecté votre programme, et vous resterez motivé.

3– Notez vos horaires d'exercice dans votre agenda ou votre journal. Le fait de l'écrire vous aidera à vous y tenir, tout comme vous le feriez pour un rendez-vous avec un client ou avec des collègues.

4– Pratiquez des exercices qui vous plaisent. Courez, sautez à la corde, jardinez, allez à la piscine ou à un cours d'aérobic. Faire un exercice que vous aimez dans l'endroit que vous préférez est vital si vous voulez continuer à y retourner et à en augmenter l'intensité.

en vous. C'est sans doute la raison pour laquelle l'exercice, apparemment, augmente l'estime de soi. Il vous aide également à vous sentir bien au niveau biochimique en obligeant votre corps à relâcher des endorphines, provoquant une sensation d'euphorie, connue pour faire "planer" les coureurs. Les endorphines non seulement vous aident à vous sentir content mais elles améliorent aussi le système immunitaire, soulagent la douleur et réduisent le stress.

Vous n'avez pas à devenir un athlète d'élite, vous entraînant chaque jour des heures entières jusqu'à la limite de vos forces, pour apprécier les bénéfices psychologiques de l'exercice. D'après les recherches, c'est davantage la fréquence de vos séances que la longueur ou l'intensité qui écarte les risques de dépression. Vous devriez envisager 30 minutes cinq fois par semaine. Utilisez votre agenda pour fixer votre programme (voir exercice p.83). Souvenez-vous qu'une séance d'exercice n'implique pas obligatoirement un périple jusqu'à un gymnase mais qu'elle peut être une chose aussi simple qu'une demi-heure de promenade à l'heure du déjeuner ou un moment à passer à jardiner, le soir ou en week-end. Attention cependant : si vous n'êtes pas actuellement en train de pratiquer régulièrement de l'exercice, faites le point avec votre médecin avant de démarrer.

Mangez intelligent

Ce n'est un secret pour personne qu'une alimentation saine et équilibrée fournit à votre corps l'ensemble des nutriments dont il a besoin pour fonctionner efficacement, par exemple pour maintenir votre taux d'énergie, pour fortifier vos muscles et votre squelette et pour soutenir votre système immunitaire. Mais la nourriture que vous mangez affecte également le fonctionnement

de votre cerveau, votre faculté de concentration et, de façon importante, votre entrain. Si une alimentation globalement saine vous aidera à vous sentir bien, il y a certains aspects nutritionnels bien précis auxquels vous pouvez faire attention pour réguler vos humeurs.

Si, en temps ordinaire, vous trouvez que votre humeur, votre énergie et votre niveau de concentration sont trop fluctuants au cours de la journée, vous avez peut-être besoin de prendre certaines mesures pour maintenir constant votre taux de sucre dans le sang. C'est quand celui-ci tombe que vous devenez particulièrement irritable, insatisfait et confus. Pour stopper ce processus, assurez-vous de ne pas rester trop longtemps sans manger. Vous ne devriez surtout jamais sauter le petit-déjeuner. Si vous ne mangez pas de petit-déjeuner, vous risquez de vous retrouver à 18 heures sans rien dans le ventre, ce qui cause des dégâts à votre taux de sucre dans le sang. Si c'est possible, c'est une bonne idée de prendre cinq ou six légers repas par jour, ce qui aidera à égaliser votre production d'énergie et votre humeur. Tâchez de couper votre consommation de café, de sucre et d'aliments trop industrialisés qui, tous, provoquent un apport soudain de sucre dans votre système sanguin suivi d'une baisse tout aussi brutale. À la place, augmentez votre consommation de féculents comme ceux qu'on trouve dans les céréales complètes, les noix, les graines et les légumes secs, qui libèrent les sucres plus lentement.

Votre humeur est aussi en relation avec la capacité de votre foie et de vos intestins à détoxiquer votre organisme. De même qu'elle nuit à votre santé physique, la rétention de toxines dans votre corps entrave le flux de la sérotonine, l'un des neurotransmetteurs du bien-être dans votre cerveau, vous laissant d'humeur sombre et manquant de motivation. Une façon certaine de soulager votre foie est de limiter votre consommation d'alcool ; si vous ne buvez aucun alcool pendant quelques semaines, vous offrirez à votre foie un repos bien mérité, lui permettant de se détoxiquer d'autant plus efficacement. Pour aider vos intestins à éliminer les toxines, mangez moins d'aliments industriels et de "fast foods" ; les graisses et sucres qu'ils contiennent souvent interfèrent avec la digestion. Assurez-vous, en même temps, de manger une bonne quantité de fruits et légumes frais ainsi que des céréales complètes et des pois. Ces aliments sont riches en fibres, facilitant le transit intestinal, et en antioxydants qui aident à détoxiquer.

Cependant, trop d'efforts pour suivre une diététique très stricte risquent d'entraîner la réaction opposée. Les effets stimulants pour votre humeur mentionnés plus haut peuvent être annulés par un sens démoralisant de privation. Aussi, accordez-vous de temps à autre des plaisirs même s'ils sont à base de sucre, de graisses ou d'alcool, ou tout ce qui vous manque. Il est vrai que certains aliments riches en graisse et en hydrates de carbone, tels que les crèmes glacées et le chocolat, ont prouvé leur capacité à élever le taux de sérotonine, raison probablement pour laquelle ils sont dans certains cas connus comme "aliments de confort". Chez les femmes, une période bien précise pour rechercher ce genre de confort est juste avant les règles : des études ont démontré qu'à cette phase de leur cycle menstruel, les taux de sérotonine des femmes ont tendance à s'effondrer.

Gérez votre poids

De nombreuses personnes sont malheureuses à cause de leur poids, et il est même prouvé qu'un excès de poids peut conduire à la dépression. Toutefois, beaucoup de ces personnes ont en réalité un poids normal. Si votre poids vous dérange, essayez de calculer votre Indice de Masse Corporelle (voir encadré ci-dessous). Vous pourriez bien découvrir que votre perception était erronée. Si c'est le cas, essayez alors de stopper le monologue mental négatif (voir p.35) qui est la cause de votre insatisfaction.

Calculer votre Indice de Masse Corporelle

L'Indice de Masse Corporelle est une mesure communément acceptée et utilisée par les professionnels de santé pour évaluer l'adéquation du poids d'une personne adulte avec sa taille. Il est facile pour vous de calculer et interpréter votre propre Indice de Masse Corporelle par la formule suivante :

Indice de Masse Corporelle = [Poids en kg] : [Taille en cm] : [Taille en cm] x 10 000

Si l'on prend, par exemple, un homme qui mesure 1m80 et père 80 kg, son Indice de Masse Corporelle sera : 80 : 180 : 180 x 10 000 = 24,6. En général, on considère qu'un adulte est maigre si son Indice de Masse Corporelle est au-dessous de 21, que son poids est normal s'il se situe environ entre 21 et 26, et qu'il est excessif s'il se situe entre 26 et 28. Un indice supérieur marquera de l'obésité.

Si, par contre, votre calcul confirme votre sensation d'être en surcharge pondérale, le fait de prendre des mesures positives pour vous en occuper vous redonnera déjà une certaine satisfaction. Soyez prudent avec les régimes radicaux, à solution rapide. La meilleure stratégie pour perdre du poids, et la plus supportable, est aussi la plus simple : mangez une alimentation saine et équilibrée et suivez un programme d'exercices réguliers et appropriés (voir p.82-84). Tout en vous aidant à perdre du poids, une telle méthode vous donnera un sens de contrôle sur votre vie, essentiel pour être optimiste.

Dormez bien

Si les avis des spécialistes diffèrent quant au rôle précis du sommeil sur la santé physique et mentale, tous s'accordent à dire qu'il est essentiel de dormir suffisamment. Selon certains de ces spécialistes, lorsque nous dormons, l'activité des fonctions de régénération des tissus est démultipliée, ce qui fait d'un sommeil de bonne qualité un aspect important du processus de guérison. D'autres ont démontré que la privation de sommeil affaiblit le système immunitaire, vous rendant plus sensible aux infections, comme un rhume ou la grippe. Le sommeil a un impact direct sur votre état d'esprit et vos émotions. Ceux qui dorment bien se sentent alertes et énergiques et éprouvent des émotions positives, les amenant à être calmes et satisfaits de la vie. Au contraire, le manque de sommeil est associé à la léthargie, une mauvaise concentration et une mémoire perturbée ainsi qu'aux humeurs négatives comme l'apathie, l'irritation, l'anxiété et la tristesse.

Il nous arrive à tous de traverser des périodes où notre sommeil est troublé. Et plus nous nous faisons du souci à ce propos, plus les troubles du sommeil s'installent. Il existe pourtant de nombreuses

méthodes pratiques pour rompre ce cycle d'anxiété. Il est important d'établir une sorte de protocole avant d'aller au lit chaque soir, dans le but de vous conditionner mentalement et physiquement au sommeil. Réduisez, environ une heure avant de vous coucher, tout ce qui a un effet stimulant, en diminuant les éclairages et en éteignant la télévision. Prenez un biscuit ou une boisson riche en protéines, comme un verre de lait : les protéines stimulent la production de sérotonine qui, entre autres bénéfices, aide à l'endormissement. Inversement, évitez l'alcool et la caféine. Si, une fois allongé en train d'essayer de vous endormir, un problème quelconque préoccupe votre esprit, ne restez pas à vous tourner et vous retourner au lit en vous tracassant : levez-vous, notez sur un papier une idée constructive à exécuter le lendemain en relation avec ce problème, faites quelques étirements en douceur et recouchez-vous.

Faire face à une maladie grave

Affronter une maladie grave ou menaçant même votre vie, comme le cancer ou une maladie cardiaque, est un défi à nul autre pareil. Tandis que vous vous débattez pour comprendre le sens que représente ce diagnostic pour vous, il faut vous attendre à devenir la proie d'un registre varié d'émotions négatives, comme l'angoisse, la peur, l'impuissance, la colère et la tristesse.

Bien qu'il soit difficile de comparer de façon scientifique les réussites des optimistes et des pessimistes pour triompher d'une maladie grave, il existe de nombreuses anecdotes mettant en évidence la valeur d'une attitude positive en de telles circonstances. L'une des histoires les plus célèbres est celle du champion de cyclisme Lance Armstrong qui vint à bout d'un cancer avancé des testicules et fut le vainqueur du Tour de France, la course cycliste la plus difficile au monde. Il est convaincu qu'il doit sa survie à une attitude positive et a même ouvert une fondation destinée à encourager l'optimisme chez les patients cancéreux.

Ce qui est certain c'est qu'une attitude optimiste, à tout le moins, rendra votre situation plus supportable. Par exemple, développer un sens de contrôle vous motivera à continuer à combattre la maladie. Prenez une part active à votre traitement : informez-vous sur le pour et le contre des différentes thérapies afin de participer aux décisions avec votre médecin, davantage comme un partenaire que comme un patient. Focalisez-vous sur les choses qu'il vous est possible de contrôler. Même si vous ne pouvez faire quoi que ce soit en rapport au fait que vous avez contracté une maladie grave, vous pouvez maîtriser certains aspects comme votre traitement, ce que vous faites de votre temps et où aller chercher du soutien.

EXERCICE 13

Visualisation : la rivière de guérison

Une visualisation guidée est une méthode de méditation très adaptable. Vous pouvez utiliser le scénario suivant pour vous représenter les forces de guérison à l'œuvre dans votre corps ; cela pourrait vous aider à affronter un traitement douloureux tel que la chimiothérapie. Pour vous permettre de vous concentrer pleinement sur votre visualisation, il est intéressant d'enregistrer le scénario d'une voix calme et douce, faisant des pauses entre chaque phrase. Vous pouvez créer vos propres visualisations pour vous aider à faire face à toutes sortes d'épreuves, même autres qu'une maladie.

1– Relaxez-vous en prenant quelques profondes respirations à l'effet purificateur et en relâchant chacun de vos muscles.

2– Fermez les yeux et visualisez la scène suivante : "Je suis debout au bord d'une rivière. Je sais que c'est une rivière de guérison. Je me mets les orteils à l'eau ; elle est tiède et apaisante. Je m'avance lentement dans la rivière, appréciant cette eau tiède et apaisante. L'eau m'enveloppe à présent complètement. Elle pénètre ma peau, mes muscles et chacune de mes cellules, apportant avec elle une merveilleuse énergie de guérison. Cette énergie de guérison sait parfaitement où se diriger dans mon corps pour me soigner. Elle me lave de toute maladie et restaure ma santé. J'ai la profonde certitude que je suis bien. Je regarde ma maladie s'éloigner en flottant avec le courant. Je regagne la rive et émerge, me sentant saine et entière."

3– Attardez-vous quelques instants au bord de cette rivière guérisseuse avant d'ouvrir les yeux.

Faites des recherches sur des thérapies complémentaires à suivre en même temps que votre traitement principal. Vous pouvez trouver des méthodes de relaxation, comme la méditation (voir p.111), la visualisation (voir exercice p.91), le yoga (voir p.77) et le massage, particulièrement favorables pour vous aider à maîtriser le stress et l'angoisse qui parasitent le processus de guérison.

Transporter partout avec vous la conscience d'être malade risque d'être épuisant, accordez-vous donc une occasion de répit par rapport à la réalité de votre situation en délimitant dans votre maison une zone où la notion de maladie est écartée. C'est là que vous écouterez de la musique, que vous fixerez entièrement votre esprit sur une activité manuelle ou votre passe-temps préféré (voir p.118-119). Si vous trouvez que votre esprit vagabonde encore au sujet de votre maladie, dites-vous : "Ici, c'est la zone 'sans maladie' ; j'aurai tout le temps de penser à ma maladie plus tard."

En revanche, lorsque vous prenez le temps de réfléchir à votre maladie, demandez-vous s'il pourrait s'y trouver un sens positif. Il sera probablement difficile de trouver le moindre sens à votre maladie, encore moins un sens positif. Mais il y a des personnes qui, forcées d'envisager leur mort en raison d'une maladie grave – voire incurable – expriment être inspirées par cette expérience à mettre en ordre des conflits irrésolus (voir p.116) ; d'autres apprécient pour la première fois la valeur de la vie, qui leur rend inestimable chaque moment qu'il leur reste à vivre.

Un sens positif quelconque ne pourra se révéler à vous que graduellement, au fur et à mesure que vous assumerez le diagnostic. Ne vous forcez pas – et ne laissez personne vous y forcer – à faire bonne figure. Il est sain de laisser les émotions

Chercher l'aide de vos amis et de votre famille

L'une des nombreuses difficultés, face à la gravité d'un diagnostic, est d'avoir affaire à vos amis et à la famille. Certains vous éviteront peut-être uniquement parce qu'ils ne savent pas quoi vous dire. D'autres seront désireux de passer du temps avec vous mais leur attitude négative vous démoralise. Il dépendra souvent de vous de contrôler la situation en exprimant aux autres comment vous souhaitez être traité. Peut-être aimerez-vous montrer à vos proches la liste suivante, ou l'adapter selon vos besoins.

Si tu te demandes ce que tu peux faire pour m'aider, voici quelques suggestions :

- Appelle-moi et demande-moi comment ça va et si j'ai envie de compagnie.
- Demande-moi quel genre de soutien et d'encouragement je souhaiterais de ta part.
- Dis-moi que tout va bien se passer et que tu resteras avec moi jusqu'au bout.
- Écoute-moi quand je te dis comment je me sens.
- Partage tes sentiments avec moi à propos de ma maladie et dis-moi comment elle t'affecte.
- Raconte-moi ce qui se passe dans ta vie pour que je puisse rester connecté avec toi.
- Offre un peu de gaieté à ma vie : raconte-moi des blagues ou apporte-moi une vidéo, un livre ou un CD.

s'exprimer, et ne niez surtout ni votre colère, ni votre tristesse, ni votre peur. Partagez plutôt vos sentiments honnêtement avec les gens capables de sympathie envers vous. Si vos amis et votre famille ont du mal à savoir comment se comporter avec vous, dites-leur directement – sans prendre un ton accusateur – ce que vous attendez d'eux (voir l'encadré ci-dessus). Vous pourriez également penser à vous joindre à un groupe de soutien. Où que vous les trouviez, entourez-vous en permanence de gens optimistes qui soient capables de vous aider à faire face à ces temps d'épreuves.

Faire avec la douleur

Nous avons tous à faire face de temps en temps à la douleur. Toutefois, la douleur peut être particulièrement décourageante lorsqu'elle est associée à une condition chronique, comme l'arthrite ou une fibromyalgie, un traitement du cancer exténuant comme la chimiothérapie, une blessure ou une intervention chirurgicale. C'est en de telles circonstances qu'une attitude optimiste se révèle inestimable, vous aidant à faire de vos épreuves un défi et à trouver le moyen de gagner le contrôle pour les surmonter. En cherchant activement comment combattre la douleur, vous réduirez le sentiment d'angoisse qu'elle risque d'engendrer. Cela aidera votre corps à réagir : l'angoisse interrompt le

sommeil alors qu'un sommeil profond est indispensable pour soutenir le système immunitaire et pour rendre votre corps capable de produire l'hormone GH qui aide les blessure à se soigner.

Comprendre la cause de votre douleur est ce que vous avez de plus utile à faire pour mieux la contrôler et réduire l'angoisse qui l'accompagne. Cela démystifiera votre situation, la rendant moins effrayante et plus supportable. Par exemple, dans une étude faite par les psychologues de la santé R.P. Pinto et J.G. Hollandsworth, les enfants qui avaient regardé une vidéo expliquant l'opération qu'ils allaient subir ont ressenti moins de douleur et se sont remis plus vite que les enfants qui ont subi la même opération sans voir la vidéo.

Cherchez des explications sur votre condition dans des ouvrages et des magazines, et via Internet, puis écrivez au fur et à mesure les questions à poser à votre médecin. Notez les détails spécifiques de votre propre ressenti de la douleur en tenant un journal de santé (voir p.81). Ceci pourrait vous aider à reconnaître les facteurs, comme l'alimentation, les exercices, le stress ou le sommeil, qui exacerbèrent ou allègent vos symptômes.

Un autre moyen pour réduire l'anxiété est de créer vos propres visualisations (voir p.91), en particulier pour contrôler la perception de la douleur. Vous pouvez, par exemple, rédiger un scénario dans lequel vous enfermez définitivement la douleur. Imaginez-vous en train d'extraire la douleur de votre corps et de l'enfermer dans un coffre ou un caveau que plus personne ne pourra ouvrir. En vous éloignant, remarquez comme vous vous sentez léger et soulagé. Rappelez ces sensations à vous pour vous inspirer lorsque la douleur vous fait particulièrement souffrir.

Vous offrir une cure de rire

Vous n'avez sans doute pas besoin de preuves scientifiques pour vous dire que le rire fait du bien mais, si vous le désirez, elles existent. Le rire a été démontré comme stimulant du système immunitaire, augmentant le niveau des cellules immunitaires dont la fonction est de vous défendre contre l'infection. Le rire est l'exercice destiné à votre espace intérieur : d'autres études ont montré qu'à la suite d'une bonne séance de rire, vos muscles se relâchent, votre rythme cardiaque ralentit et votre tension artérielle baisse, vous laissant dans une sensation de détente, calme et positif.

Certaines personnes choisissent sciemment le rire comme thérapie. Par exemple, le journaliste et écrivain Norman Cousins a décrit dans son livre *Anatomy of an Illness* (1979) comment il s'est immergé dans des livres et films humoristiques pour l'aider à guérir du rhumatisme dégénératif de la spondylarthrite ankylosante. L'exercice ci-contre suggère des moyens spécifiques pour incorporer le rire dans votre journée, mais vous pouvez, presque sans vous en rendre compte, stimuler votre rire au travers des nombreuses interactions joyeuses que vous avez l'occasion d'avoir avec votre famille, vos amis et collègues, ou même avec des inconnus, dans les magasins et dans la rue. Gardez un œil aiguisé pour les situations cocasses. Vous verrez qu'elles ne sont jamais bien loin. Au lieu de vous laisser ennuyer par les petites mésaventures de la vie quotidienne ou les contraintes administratives, cherchez-y le côté drôle et, quand vous l'avez trouvé, riez.

Un cœur joyeux fait autant qu'un remède.

Proverbes 17:22

EXERCICE 14

Trouvez le moyen de rire chaque jour

Vous pouvez incorporer le rire dans votre vie quotidienne en recherchant volontairement l'humour. Qu'est-ce qui vous fait éclater de rire ? Les vieux films, les one man shows, un site Internet que vous aimez ? Quoi que ce soit, accordez-vous ces plaisirs. Voici trois suggestions distinctes à intégrer dans votre ordonnance personnelle pour rire. Prenez ces remèdes autant que nécessaire. Il n'y a pas de limites de dosage pour rire.

1– Créez un club de rire. Basé sur un concept indien, c'est un groupe de gens qui se rencontrent dans le seul but de rire. L'idéal est de vous arranger pour vous réunir 20 minutes chaque jour. Les membres du groupe se mettent en cercle, une personne désignée commence à rire et chacun se joint à elle.

2– Employez vos temps de trajets à vous divertir. Si vous vous trouvez stressé en allant au travail ou au retour, écoutez une comédie à la radio, sur une cassette ou un CD.

3– Fabriquez une "boîte à malices" sur votre lieu de travail ou chez vous, à remplir de tout ce qui vous donne le fou rire. Vous pouvez y mettre des choses qui donnent l'air comique, comme des lunettes bizarres, un nez de clown ou un chapeau fou. Ou bien y jeter un album de blagues ou une BD. Les photos et les petits mots sont très efficaces pour vous rappeler ainsi qu'à vos compagnons les situations comiques où vous vous êtes trouvés ensemble. Quand la bonne humeur s'éloigne, ouvrez grand la boîte, mettez ce chapeau ridicule, ou racontez cette histoire, et attendez simplement que les autres se mettent à pouffer de rire.

Accepter de prendre de l'âge

Quels sont les mots que vous associez au vieillissement ? Sagesse ? Sénilité ? Maladie ? Expérience ? Ce que nombre d'entre nous ne réalisons pas est que nos attitudes à propos de l'âge influencent notre santé et notre bien-être pour les temps à venir, et même notre espérance de vie, exemple parfait d'auto-projection en action (voir p.60-63).

Des chercheurs de l'Université de Yale ont trouvé que les retraités qui se sentaient aussi énergiques, heureux, confiants et utiles que lorsqu'ils étaient plus jeunes vivaient au moins sept ans de plus que ceux qui ont exprimé une perception plus négative de leur âge. Une perception positive de son propre vieillissement avait, en tant que simple facteur, un effet plus grand sur l'espérance de vie que toutes les évaluations de santé habituelles, telles

que la tension artérielle, le taux de cholestérol, le poids et la fréquence des exercices.

Afin de vous construire une perception positive de votre avancée en âge, il est important de réaliser l'influence que vous exercez sur elle. Par exemple, faire régulièrement de l'exercice (voir p.82-84) aide à améliorer votre humeur et empêche la perte du tonus musculaire, de la capacité pulmonaire et de la masse osseuse. Il vous faut également exercer votre intellect. La stimulation mentale se présente souvent comme un aspect évident de notre vie active mais, une fois à la retraite, nous avons peut-être besoin de la rechercher. Vous pouvez stimuler votre niveau de concentration par vos lectures, faire des jeux-concours pour tester votre mémoire, ou vous attaquer aux mots croisés pour conserver la souplesse de vos capacités de réflexion, peu importe tant que vous ne laissez pas votre cerveau se ramollir.

Ne faites pas l'erreur de considérer la vieillesse comme une époque où vous n'avez plus rien à offrir ni aucun projet à envisager. Gardez des contacts réguliers avec vos amis et votre famille et impliquez-vous dans votre communauté, par exemple en faisant du bénévolat. Exploitez le temps libre supplémentaire dont vous disposez pour réaliser de nouveaux projets, peut-être en apprenant à peindre, en écrivant un livre, en intégrant un cycle d'étude ou en collectant des fonds pour une œuvre de charité. Un sens de challenge alimente notre joie de vivre.

Souvenez-vous aussi que vous avez accumulé de la sagesse, qui peut être utile aux jeunes aux moments où ils doivent affronter les problèmes par lesquels vous êtes passé. Soyez disponible pour offrir vos conseils aux jeunes de votre famille ou aux enfants de vos amis : partager votre sagesse est un excellent stimulant pour votre estime de soi.

Optimisme et santé mentale

Le concept de santé mentale indique notre façon de nous sentir à propos de nous-mêmes, et vis-à-vis des autres et de notre faculté d'accueil face aux exigences de la vie. Une santé mentale positive nous aide à maintenir des relations enrichissantes, à être productif, à nous adapter au changement et à faire face à l'adversité.

Dans ce chapitre, nous apprendrons comment maintenir notre santé mentale à son meilleur niveau, en trouvant des ressources comme être confiant, avoir l'esprit en paix et entrer dans la "zone". Même si un caractère optimiste ira loin pour protéger votre santé mentale, il y a malgré tout des moments où vous vous sentirez vulnérable au stress, à l'anxiété ou à la dépression. Mais, même dans ces cas-là, comme nous allons le voir, il n'est jamais trop tard pour que l'optimisme vous aide à lutter et à renverser le processus des schémas auto-défaitistes qui caractérisent ces conditions. Souvenez-vous : ce n'est pas ce qui vous arrive qui affecte votre santé mentale, mais votre façon de percevoir ce qui vous arrive.

Favoriser votre santé mentale

Tout comme pour notre santé physique, il est facile de croire que notre santé mentale est garantie : nous ne nous y intéressons que lorsque ça va mal. Mais appliquer à notre santé mentale les principes suivants pour être optimiste peut nous aider à la maintenir à un niveau optimum.

Exprimez vos émotions. La capacité d'exprimer vos sentiments est cruciale pour une bonne santé mentale ; c'est ce que l'on appelle l'intelligence émotionnelle en action (voir p.20-21). Riez, pleurez, soyez en colère ou joyeux. Si nous réprimons nos sentiments, les autres ont du mal à communiquer avec nous. Cependant, tâchez de gérer la peur, l'anxiété et la culpabilité : un excès de ces émotions risquerait de vous nuire. Utilisez votre journal (voir p.36-37) pour repérer vos émotions négatives et pour essayer de comprendre pourquoi vous les ressentez.

Donnez du sens à votre vie. Une activité qui a une réelle signification à vos yeux vous donne une raison pour vous lever chaque matin. Vous gagnerez de grandes satisfactions en faisant ce pour quoi vous êtes fait dans la vie (voir p.150-153) ; sinon, vous risquez de tomber dans l'ennui et la frustration et de ne pas vous réaliser.

Aimez et soyez aimé. Des relations durables et affectueuses (voir p.124-129) entretiennent un sentiment d'appartenance et un système de soutien mutuel, favorisant une bonne santé mentale. Être capable de discuter de ce qui nous concerne avec des amis proches nous aide souvent à prendre du recul par rapport à nos problèmes et à trouver les moyens de les résoudre avant qu'ils n'échappent à notre contrôle. Et vous pencher sur les problèmes

de vos amis vous donne la satisfaction d'aider autrui (voir p.140-143) en stoppant votre préoccupation sur vos seuls soucis. Pour devenir proche des autres, il faut s'accepter comme on est : il est difficile d'aimer quelqu'un qui pense ne pas être digne d'amour.

Acceptez-vous comme vous êtes. Sortez de la tyrannie du perfectionnisme et du monologue mental négatif. Vous accepter ne signifie pas que vous ne pouvez vous améliorer et évoluer mais, simplement, que vous vous considérez comme une personne valable : vous êtes déjà quelqu'un de bien. Tout ce que vous devenez à partir de maintenant est un bonus, alors célébrez vos accomplissements (voir p.22-23), au lieu de vous noyer dans vos erreurs.

Le bonheur, dans votre vie, dépend de la qualité de vos pensées.

Marc Aurèle (121-180)

Soyez souple d'esprit. Nos vies changent en permanence, souvent de façons que nous ne pouvons contrôler. Ce que nous pouvons faire – et que nous devons faire si nous voulons nous épanouir et non seulement survivre – est d'accepter les nouvelles circonstances et nous y adapter. Il est tout à fait normal d'avoir peur de l'inconnu. Mais, si nous avons confiance en notre faculté d'accueillir le changement et restons ouverts aux nouvelles expériences, nous pouvons surmonter notre peur.

Trouvez votre équilibre. Donner un ordre de priorité aux demandes que nous rencontrons et leur attribuer le temps approprié nous aident à réduire le sentiment de détresse que nous éprouvons à nous sentir ballottés dans toutes les directions en même temps. Trouver votre équilibre vous fait gagner un temps précieux : du temps pour votre famille et vos amis, du temps seul, du temps pour travailler, du temps pour s'amuser.

Vaincre la dépression

La plupart d'entre nous sommes entrés en contact avec la dépression, de façon directe ou indirecte. Du fait que la dépression est associée au pessimisme et à l'apathie, ceux qui en souffrent trouvent difficile de croire qu'ils peuvent faire quelque chose pour aller mieux. Dans cette section pourtant, nous allons explorer les nombreux moyens pratiques dont vous disposez pour sortir de la dépression.

Nous employons souvent le mot "dépression" à la légère : "Je suis complètement déprimé", alors qu'en réalité, nous voulons dire que nous sommes déçus, angoissés ou tristes. Ce qui différencie une dépression clinique d'une humeur déprimée est la longueur du processus et la profondeur avec laquelle il vous affecte. Une personne dépressive ressent au moins trois de ces symptômes caractéristiques durant une même période de deux semaines :

- Tristesse persistante
- Perte d'intérêt pour des choses qui étaient normalement considérées comme importantes
- Plus ou moins d'appétit que d'habitude
- Incapacité à se concentrer et à se souvenir des choses
- Manque d'énergie physique
- Pessimisme profond et généralisé
- Sentiments d'inutilité
- Sentiments incontrôlables de culpabilité
- Idées de mort ou de suicide.

Si vous avez des raisons de penser que vous souffrez peut-être d'une forme ou d'une autre de dépression, passez dès maintenant à l'action : prenez contact avec votre médecin de famille ou un service de soutien psychologique.

Divers facteurs peuvent contribuer à une dépression. Elle peut avoir un aspect génétique, une prédisposition familiale. Il existe un lien entre le stress chronique (voir p.108-113) et la dépression. Par exemple, le stress prolongé dû à une surcharge insoutenable de travail ou à la mort d'un être cher peut déclencher un épisode dépressif. Certains vivent une dépression en réaction à un changement majeur dans leur vie, comme un déménagement ou l'entrée à la retraite. La dépression est également associée à certaines conditions de santé, comme l'hypothyroïdie.

Vos prédispositions à la dépression sont accrues si l'un ou plusieurs de ces facteurs se combinent à "l'impuissance acquise", associée de près au type d'interprétation pessimiste (voir p.32-33). Les pessimistes se critiquent eux-mêmes pour les événements négatifs qu'ils traversent et se sentent impuissants à améliorer leur situation ; il n'est pas difficile de comprendre comment cette attitude peut contribuer à faire apparaître certains des symptômes de la dépression.

Pour remédier à la dépression, vous devriez essayer d'agir rapidement. Soyez attentif à vos changements d'humeur et utilisez votre journal (voir p.36-37) pour identifier à quels moments votre humeur se transforme. Ne vous en faites pas pour la structure des phrases ou la grammaire : une expression honnête, sans inhibition, de vos émotions importe plus qu'une prose élégante. Le fait d'écrire vous aide à vous sentir en contrôle, ce qui est à l'opposé de l'impuissance acquise et l'un des signes dominants de

l'optimisme. Analyser vos sentiments de cette façon peut aussi vous aider à découvrir une interprétation plus positive (voir p.68-71).

Faire de l'exercice (voir p.82-84) a prouvé son efficacité pour remédier à une dépression légère ou modérée, et une pratique régulière peut aussi servir de mesure préventive aux personnes qui, même si elles ne sont pas vraiment dépressives, ont un fond de dépression. Vous planifier un programme de marche est un bon choix qui vous procurera en supplément un changement de

Prendre des Fleurs de Bach

Au cours des années vingt et des années trente, le médecin anglais Edward Bach découvrit une série de 38 extraits floraux, sûrs et efficaces ; chacun d'eux s'adresse à un déséquilibre émotionnel spécifique, comme la jalousie, l'impatience ou la culpabilité.

Les trois remèdes suivants sont destinés à soigner des états d'esprit particulièrement associés au pessimisme et à la dépression.

- Si vous vous sentez découragé à la suite d'une difficulté, *Gentiane* vous encouragera à tenir bon.
- Si vous avez laissé tomber et vous laissez aller au gré des événements, *Wild Rose (Églantine)* ravivera votre intérêt pour le monde qui vous entoure et vous incitera à agir pour vous créer la vie que vous désirez.
- Si vous souffrez d'un coup de dépression qui vous est tombé dessus sans cause apparente, *Mustard Flower (Fleur de Moutarde)* vous aidera à redécouvrir la joie de vivre et la sérénité.

Prenez les extraits dilués dans un peu d'eau. Un praticien des Fleurs de Bach vous aidera à mettre le doigt sur le remède exact et le bon dosage dont votre état d'esprit a besoin ; ces remèdes sont aussi en vente dans les magasins diététiques.

décor à l'effet régénérant, mais tous les genres d'activités vous apporteront leurs bénéfices. Notez dans votre journal les objectifs que vous vous donnez : peut-être 30 minutes de marche par jour. Si l'idée de marcher seul ne vous inspire pas, rejoignez un groupe de randonnée. Pratiquez de temps à autre la "règle des cinq minutes", les jours où marcher ne vous dit rien. Sortez marcher juste cinq minutes puis revenez si vous le voulez. Il y a des chances que vous ayez plutôt envie de continuer !

Il existe un grand nombre de thérapies alternatives auxquelles vous pouvez faire appel pour traiter une dépression relativement légère. Elles incluent le massage thérapeutique, la méditation (voir p.111), l'homéopathie, les Fleurs de Bach (voir l'encadré ci-contre), et les gélules de Millepertuis. Si vous avez l'intention de suivre l'une de ces thérapies, adressez-vous toujours à un praticien connu pour sa réputation.

Si, après avoir essayé plusieurs stratégies pour prendre vous-même les choses en main, votre dépression persiste, une psychothérapie peut être une avancée notoire. Même si vous arrivez à fonctionner au travail et à la maison, la dépression n'est pas une bonne chose pour votre santé et devrait être traitée.

Votre psychothérapeute vous recommandera peut-être, en relation avec votre médecin, l'usage d'antidépresseurs, une option valable et parfois nécessaire pour les gens qui ont une dépression modérée ou sévère et ont essayé sans succès d'autres méthodes. D'après les recherches, une combinaison de médicaments et de séances de psychothérapie est le traitement le plus efficace en cas de dépression sévère.

Gérer le stress

Nous vivons dans un monde où nous trouvons normal d'être stressés. Trop d'échéances et manque de temps, trop d'interruptions et manque de calme, trop de technologie et manque de simplicité, trop de travail à faire et manque de temps de loisir ... la liste continue. Bien qu'il ne nous soit pas toujours possible d'éviter les causes de notre stress, nous pouvons influencer notre réponse face à elles. Mais, avant d'examiner comment nous pouvons gérer le stress, nous devons en premier lieu comprendre son fonctionnement.

Lorsque vous rencontrez une situation que vous percevez d'une façon ou d'une autre comme menaçante, votre cerveau envoie des signaux à votre corps à travers le système nerveux sympathique. Votre corps se prépare à gérer la menace en libérant de l'hydrocortisone et de l'adrénaline (épinéphrine), des hormones qui accélèrent le rythme cardiaque et respiratoire, ralentissent la digestion, augmentent la tension artérielle et provoquent une crispation des muscles. C'est ce que l'on appelle le mécanisme "de combat ou de fuite". Une fois la menace passée, le système parasympathique inverse les réactions de combat ou de fuite.

Nous avons besoin d'un certain degré de stress dans la vie pour nous empêcher de nous ennuyer et pour nous pousser à faire de notre mieux en "situations de performance", telles qu'un discours à faire ou un examen à passer. Cependant, le stress devient un problème lorsque nos mécanismes de combat ou de fuite sont branchés en permanence, empêchant le système parasympathique de ramener nos corps à leur état d'équilibre. Ce déséquilibre fait des ravages sur notre bien-être physique et émotionnel, déclenchant des symptômes en chaîne, tels que douleurs muscu-

laires, insomnie, fatigue, tristesse, palpitations, brûlures d'estomac, diarrhées, nausées, anxiété, grincement de dents et migraines. À long terme, des taux élevés chroniques en hydrocortisone et en adrénaline risquent de compromettre le système immunitaire et prédisposent aux problèmes cardiaques et aux attaques.

N'importe quoi peut devenir source de stress si c'est ainsi que vous le percevez. En l'occurrence, si vous pouvez prévoir votre perception de situations potentiellement stressantes, vous pouvez empêcher le stress de grimper hors contrôle et d'affecter votre santé. Puisque les optimistes perçoivent les événements de la façon la plus positive, il s'ensuit qu'ils tendront d'autant plus à être experts à résister aux effets négatifs du stress.

Une étude remarquable menée dans les années soixante-dix par la psychologue Suzanne Kobasa souligne l'importance d'une attitude positive pour remédier au stress. Elle étudia un groupe d'hommes d'affaires sur une durée de huit ans et observa que ceux qui réussissaient le mieux à supporter la pression due à leur profession possédaient un ensemble de traits de caractère qu'elle décrivit comme de la "force". La force de caractère a beaucoup en commun avec l'optimisme ; ses aspects principaux sont : le sens de l'*engagement* pour s'impliquer dans une activité signifiante, un *point de contrôle* interne par rapport aux événements, et la faculté d'aborder une situation comme un *enjeu* plutôt que comme un problème.

En élaborant une attitude optimiste grâce aux techniques présentées tout au long de ce livre, il en résultera que moins de situations vous sembleront stressantes. Par exemple, chercher le sens positif d'événements ostensiblement négatifs (voir p.68-71) vous permet de rester déterminé à réaliser vos buts malgré les obstacles. Vous organiser pour surmonter une certaine peur (voir p.65-66) vous permet de contrôler une chose qui auparavant vous contrôlait. Vous servir de techniques créatives pour franchir un obstacle (voir p.56-59) vous aide à le transformer en défi.

Pourtant, même les optimistes ressentent des tensions de temps en temps. Si vous subissez un stress, l'enjeu sera de débrancher vos mécanismes de combat ou de fuite et d'autoriser votre système parasympathique à induire ce que le pionnier de la médecine corps/esprit, Herbert Benson, a appelé la "réaction de détente". Le problème, vu que les mécanismes de combat ou de fuite se déclenchent automatiquement, est que nous avons souvent besoin de rappeler à nos corps de provoquer la réaction de détente.

EXERCICE 15

Activez votre réaction de détente

La méditation est une technique de relaxation qui demande à votre attention de se fixer sur une seule chose, comme un objet, un mot ou une phrase, votre respiration ou une tâche de la vie courante. La méditation suivante a pour but d'éveiller votre réaction de détente. En prenant un moment de calme chaque jour pour la pratiquer, elle vous viendra naturellement quand vous vous sentirez submergé par le stress.

1– Asseyez-vous sur une chaise confortable, le dos bien appuyé et les deux pieds à plat sur le sol. Fermez les yeux et fixez votre attention sur votre respiration, en inspirant et expirant. Imaginez qu'à chaque inspir, vous inhalez de l'énergie positive et qu'à chaque expir vous exhalez pensées et émotions négatives.

2– Une fois bien concentré sur votre respiration, répétez en silence un mot court à chaque expir, par exemple "un" ou "calme".

3– Ne vous inquiétez pas si votre esprit vagabonde. Laissez juste ces pensées parasites traverser votre esprit sans chercher à les chasser. Refixez-vous doucement sur votre respiration et redémarrez le processus.

4– Au début, méditez environ 5 minutes, puis progressivement jusqu'à 10 ou 20 minutes. À la fin de votre méditation, prenez un temps pour réorienter votre esprit vers le monde extérieur. Notez comme vous vous sentez positif et détendu. Emportez ces sensations avec vous tout au long de la journée.

Une façon d'aborder le problème est de faire de l'exercice, pour fournir un débouché à l'adrénaline refoulée. Il n'y a pas forcément besoin de pratiquer un sport intensif ; même une marche rapide peut aider à dissiper de la tension et à vous donner un répit par rapport à l'origine de votre stress. Par l'importance qu'il accorde à la régulation de la respiration et au relâchement des tensions musculaires, le yoga (voir p.77) est aussi une bonne option. Il est possible aussi de réduire votre taux d'adrénaline en arrêtant votre consommation de caféine.

La méditation (voir exercice p.111) est une excellente méthode pour ralentir votre mental et votre respiration, vous aidant à remplacer l'agitation par le calme. Proche de la méditation, le training autogène est la projection d'un sens de confort dans chaque tension de votre corps. Allongez-vous une dizaine de minutes et faites le tour de chaque zone de tension. Dites-vous par

exemple : "Mon bras est lourd." Sentez les muscles de votre bras, qui étaient noués, se relaxer et s'alourdir. Continuez à répéter cette affirmation : "Mon bras est lourd" pendant encore une minute avant de passer à une autre zone de votre corps.

"Contrôle et changement" est un moyen d'identifier les agents de votre stress et de décider comment les empêcher de vous stresser. Commencez par faire la liste dans votre journal (voir p.36-37) de tout ce qui vous paraît stressant. Puis, divisez les agents stressants en deux groupes : ceux que vous pouvez transformer et ceux que vous ne pouvez pas. Pour chaque agent du premier groupe, écrivez ce que vous allez faire pour le transformer. Par exemple, si le désordre de votre maison vous crispe, vous pourriez planifier un jour hebdomadaire de rangement ou engager une femme de ménage. Pour les agents de stress qui restent hors de votre contrôle, écrivez le moyen de les éviter ou celui de changer votre attitude à leur égard. Peut-être êtes vous stressé par la circulation sur le trajet pour aller à votre travail et en revenir ; vous pourriez tenter de travailler certains jours chez vous, ou voir s'il serait possible de modifier vos horaires afin de faire le trajet à des heures plus tranquilles. Si aucune solution n'est possible, utilisez vos moments libres de façon positive, pour préparer par exemple la phase suivante de votre journée. Souvenez-vous de la Prière de la Sérénité : "Accorde-moi la sérénité d'accepter les choses que je ne peux changer, le courage de changer celles que je peux, et la sagesse de savoir faire la différence."

Vivre plein d'espoir

L'espoir est la formule utilisée par les optimistes pour se projeter dans le futur. Le psychologue Charles R. Snyder définit l'espoir comme la croyance que "vous avez à la fois la volonté et les moyens d'accomplir vos objectifs". L'espoir est associé de près à l'optimisme : si nous sommes capables d'interpréter le passé ou les événements actuels avec optimisme, nous nous sentirons, par voie de conséquence, pleins d'espoir vis-à-vis de l'avenir. Inversement, le manque d'espoir – ou le désespoir – vis-à-vis de l'avenir est l'un des éléments les plus destructifs du pessimisme et de la dépression. C'est quand les temps sont durs, quand nous sommes le plus vulnérables aux sentiments de désespoir, que l'espérance est bénéfique de la façon la plus manifeste.

Quand l'impensable advient, l'espoir en est le phare. Une fois que nous avons choisi l'espoir, tout devient possible.

Christopher Reeve (1952-)

La recherche a démontré la valeur de l'espoir face à l'adversité. Dans une étude menée par le Dr Tim Elliott, un psychologue spécialiste des centres de rééducation, il fut appliqué un test d'espoir à un groupe de patients paralysés par une blessure à la moelle épinière. Avec le temps, ceux qui avaient témoigné davantage d'espoir ont été moins dépressifs et plus mobiles que les autres.

L'acteur Christopher Reeve, ayant fait de considérables progrès après avoir été paralysé par une blessure à la moelle épinière, fit remarquer que l'espoir est un choix. Choisir de garder espoir alors que tout a l'air d'être contre vous est difficile mais possible. Une façon de cultiver l'espoir est de chercher l'inspiration dans des exemples qui, comme Christopher Reeve, ont eu le courage de tenir bon face à de dures épreuves. N'oubliez pas que nous pouvons tous trouver de tels exemples dans notre propre histoire personnelle. Remémorez-vous les périodes où vous étiez au plus bas et puisez réconfort et force dans le fait que vous les avez surmontées. Le temps soigne : ce qui paraît insupportable aujourd'hui ne semblera pas aussi épouvantable dans quelque temps.

Visualisez un avenir attractif pour vous, afin de regarder ce qui vient par anticipation plutôt que par inquiétude. Où désirez-vous vous trouver, disons, dans un an ? Écrivez toutes les mesures que vous pouvez prendre pour réaliser cette prise de position. À qui pouvez-vous demander de l'aide ? Même si certains aspects de votre futur restent hors de votre contrôle, savoir ce que vous désirez voir arriver, espérer que cela arrive et faire tout ce que vous pouvez pour que cela arrive vous donnera le maximum de chances de succès.

Trouver la tranquillité d'esprit

La tranquillité d'esprit est une sensation de contentement précieuse et impalpable. Si vous la recherchez, vous ne la trouverez pas ; elle n'apparaît que lorsque votre esprit est calme et vide d'émotions négatives, comme la culpabilité, l'amertume et l'anxiété, qui savent dominer nos pensées et saper notre énergie et notre moral. Donc, pour trouver la paix de l'esprit, il faut nous débarrasser de ces émotions.

L'une des raisons qui fait que les optimistes sont si forts pour trouver la tranquillité d'esprit est qu'ils savent se souvenir des bons aspects du passé et ferment les yeux sur les mauvais. Ils savent aussi agir pour résoudre les différends avec les autres plutôt que de laisser les sentiments négatifs persister, croître et finir par ronger leur tranquillité d'esprit. Si vous avez été blessé par quelqu'un, pratiquez le pardon, non pour son bénéfice mais pour le vôtre. Pardonner est laisser s'envoler l'amertume que nous ressentons chaque fois que nous repensons à ce qui s'est passé. Pareillement, si vous vous rendez compte que vous avez blessé quelqu'un, tâchez de remédier au dommage ou rachetez-vous. Souvent, prendre l'initiative de chercher à communiquer avec l'autre personne est la meilleure mesure pour soigner les blessures émotionnelles.

Autant que pour le passé, penser avec trop d'insistance à l'avenir risque de perturber votre tranquillité d'esprit. L'inquiétude sur l'avenir peut prendre le dessus, affectant nos décisions et notre joie de vivre. Plutôt que de vous agiter à propos de ce qui vous attend ou ne vous attend pas, essayez de construire une vision inspirante de votre avenir (voir p.114-115).

Une antidote au regret vis-à-vis du passé et à la peur vis-à-vis de l'avenir est de vivre le présent en étant attentif. Associée à la méditation, l'attention fait partie de la tradition bouddhiste. Il s'agit de concentrer toute votre attention sur ce que vous êtes précisément en train de faire (voir p.118-119) de sorte que votre esprit devienne tranquille.

Dans ce monde hyperactif, il peut y avoir des moments où vous ressentez le besoin de vous isoler physiquement de vos activités quotidiennes afin de trouver la tranquillité. Faire une retraite (voir l'encadré ci-dessous) est l'une des façons de concrétiser ce besoin, en suivant le conseil de la femme politique indienne Indira Gandhi : "Vous devez apprendre à rester calme au sein de l'activité, et vibrant de vie lors de vos moments de repos."

Faire une retraite

Rien ne vaut une retraite personnelle pour asseoir votre tranquillité d'esprit. Si vous n'en avez pas l'expérience, il est bon de commencer par vous inscrire à une retraite organisée, peut-être proposée autour d'un thème, comme aller à la découverte de soi au travers d'une activité artistique, ou apprendre à écouter sa voix intérieure.

Mais vous n'avez pas besoin de prendre part à une retraite organisée pour apprécier le bénéfice d'être tranquille : vous pouvez vous l'organiser vous-même. Votre retraite peut être aussi courte ou aussi longue que vous le désirez ; même une promenade d'une heure peut vous aider à pacifier votre mental. Servez-vous de votre journal pour programmer ce que vous pouvez faire durant votre retraite pour créer votre tranquillité d'esprit. Vous pourriez commencer en prenant un grand bain qui vous lavera symboliquement de tous les soucis du monde extérieur. Pendant votre retraite, ce que vous ne faites pas a autant d'importance que ce que vous faites. La clé est d'éviter tout ce qui vous rend agité. Par exemple, arrêtez le thé ou le café dès le jour précédent et pendant votre retraite si vous êtes sensible à la caféine, ne vous laissez pas réglé par les horaires et évitez de regarder les informations.

Plonger en vous-même

Les athlètes connaissent cet endroit, ainsi que les artistes en tout genre. Vous avez sûrement eu l'occasion de vous y trouver. Beaucoup l'appellent la "zone" et celui qui représente l'autorité en la matière, Mihaly Csikszentmihalyi, l'appelle le "courant". Quand Tiger Woods joue au golf, il ne pense pas aux foules qui le regardent, ni à ses adversaires, ni aux sommes d'argent en jeu, il se concentre exclusivement sur chaque coup qu'il donne. Le courant est cet état de totale concentration dans lequel vous êtes si absorbé par ce que vous êtes en train de faire que vous en oubliez ce qui se passe autour de vous.

Le sens fondamental du mot extase — "se tenir à l'extérieur" m'apparaît dans les moments où je plonge si profondément dans l'acte de penser et d'écrire que tout le reste... s'évanouit.

Bell Hooks (1952-)

Quand vous vous impliquez dans une activité qui vous met dans ce courant, vos soucis vous abandonnent. Le temps file et vous perdez conscience de vous-même : votre corps et votre esprit fonctionnent en harmonie. Il se peut que vous ne soyez pas spécialement heureux au cours de ce moment, surtout si l'effort est soutenu, comme en courant ou en nageant. Mais, dès que vous avez fini, vous éprouvez une intense satisfaction, une profonde estime de soi et un sens de parfaite compétence. D'après la recherche, les gens qui disent se trouver fréquemment dans cet état de courant ont le sentiment d'avoir une vie chargée de sens.

Nous ressentons souvent ce courant au beau milieu d'un sport ou d'une activité artistique, comme peindre, jouer de la musique ou faire un travail manuel. Toutefois, cette sensation dépend de votre façon d'être dans la situation en question et peut donc se goûter n'importe où. En effet, vous vous sentirez d'autant plus heureux si vous êtes capable de susciter ce courant dans l'éventail le plus large possible d'occupations. Si vous ne reliez cette sensation qu'à une seule activité, votre travail par exemple, le danger existe que vous deveniez obsédé par cette activité et négligiez les autres domaines marquants de votre vie.

Bien que la capacité à entrer dans le courant réside au fond de vous, vous ne pouvez vous forcer à être dans cet état d'esprit. Comme lorsque l'on cherche absolument à s'endormir, plus on essaie, moins on y arrive. Par contre, vous pouvez créer les conditions pour aider la sensation de courant à se produire. Par exemple, ralentissez votre empressement pour entreprendre la tâche que vous voulez accomplir, peut-être par une méditation (voir p.111) ou par quelques respirations profondes et lentes. Démarrer une activité dans un état d'agitation rend très difficile la plongée en vous-même nécessaire pour accomplir la tâche en question.

Élisez une activité qui présente un défi réaliste à vos capacités et qui vous permette de poursuivre des objectifs clairement définis. Si vous vous confrontez à un trop grand défi, vous allez vous sentir angoissé et démoralisé ; si le défi est trop modeste, vous allez vous ennuyer. Au fur et à mesure de vos progrès, élevez vos exigences afin d'avoir en permanence un objectif qui soit juste au-dessus de votre niveau du moment. Le courant se produit également quand vous êtes en train de pratiquer quelque chose qui provoque une réaction immédiate. Par exemple, chaque fois qu'ils se déplacent sur un nouvel appui de main ou de pied, les grimpeurs chevronnés savent immédiatement si le mouvement est juste ou non.

L'optimisme en application

Au cours des quatre premiers chapitres, nous avons exploré l'optimisme d'un point de vue théorique, les moyens de l'acquérir et les bénéfices pour votre santé physique et mentale. Dans ce chapitre-ci, nous allons étudier plus en détail comment vous servir de votre optimisme et le partager dans les contextes de la vie la plus courante, au travail et à la maison.

Découvrez comment construire et maintenir une relation positive avec votre partenaire, riche de compréhension et de soutien, comment transmettre à vos enfants le don précieux de l'optimisme, et comment faire de votre maison un lieu de vie plaisant et joyeux pour vous et votre famille.

Vous apprendrez de même comment prêter vos talents d'optimiste à ceux de vos amis qui sont en quête d'un point de vue positif, et développerez les moyens de faire naître l'optimisme dans votre lieu de travail, pour le plus grand bien de vos collègues, de votre entreprise et de vous-même. Enfin, nous verrons comment vous pouvez appliquer l'attitude "oui, je peux" à votre carrière, pour vous assurer qu'elle soit la plus épanouissante possible.

Optimisme et succès

Il est fermement établi par leur équipe de basket-ball que le jeu de Robert est meilleur que celui de Brian. Or Brian est un athlète qui réussit mieux : il marque plus de points par partie que Robert. Brian est un optimiste connu pour sa ténacité quand, au cours d'un match, il affronte une période où son nombre de paniers est en panne ; il continue simplement à tenter sa chance et revient éventuellement sur le tableau d'affichage.

Ce scénario imaginaire porte en lui ce que d'innombrables études ont démontré : vous ne pouvez réussir avec votre seule capacité. Ce qui fait la différence est l'optimisme. Dans cette section, nous ferons le tour de certaines des recherches menées autour des bénéfices de l'optimisme dans de nombreux cadres de la vie réelle. Quelle que soit la situation où vous vous trouvez, les qualités d'intelligence émotionnelle (voir p.20-21), d'estime de soi (voir p.22-23) et de résilience (voir p.24-25) vous aideront à parvenir au succès.

Aucun pouvoir n'est plus fort que le pouvoir personnel. Dans ce monde, ce sont les optimistes qui le possèdent, non parce qu'ils ont toujours raison mais parce qu'ils sont positifs. Même s'ils ont tort, ils sont positifs, et c'est là le fait de la réussite.

David Landes (1924-)

Une étude réalisée sur des étudiants en première année de faculté montra que ceux qui avaient un type d'interprétation optimiste vis-à-vis d'événements négatifs (ce n'est pas de ma faute ; cela ne va pas durer ; ça n'a pas de répercussion sur le reste), avaient tendance à avoir de meilleurs résultats que les étudiants qui montraient un type d'interprétation pessimiste. Les chercheurs notèrent également que les étudiants optimistes avaient des projets plus personnels et utilisaient davantage les services d'orientation de leur académie que les pessimistes. Ces deux "mises en application" étaient, l'une et l'autre, considérées comme des facteurs contribuant au succès des étudiants optimistes.

Les tests d'optimisme peuvent aussi présager des succès dans le monde du travail, en particulier dans le secteur de la vente où la capacité à rebondir à la suite d'un refus (voir p.44-47) est l'un des principaux motifs d'embauche. Dans une étude clé menée par Martin Seligman (voir p.14) en partenariat avec une grosse compagnie d'assurances, il a été établi que ceux des membres du secteur ventes qui obtenaient les meilleurs coefficients dans les tests d'optimisme étaient nettement meilleurs vendeurs et avaient moins tendance à abandonner que ceux dont les coefficients étaient plus bas. Ayant intégré le Questionnaire du Type de Caractère de Seligman dans sa méthode de recrutement, la compagnie fut capable de stimuler les ventes et le moral des équipes, et de réduire de façon drastique la rotation du personnel.

Le monde du sport, avec ses mesures de performance précises, fournit une excellente arène de démonstration sur le pouvoir de l'optimisme. Une fois de plus, les équipes et les individus en compétition révélant des types d'interprétation optimiste surpassent leurs rivaux pessimistes de capacité similaire, voire supérieure. Au sein d'une autre étude, des nageurs ont disputé une course où ils exécutaient leur meilleure nage. L'épreuve terminée, on les trompa délibérément en leur annonçant que leurs performances avaient été en-dessous de la moyenne et qu'il leur fallait recommencer. Les nageurs optimistes firent aussi bien que la première fois tandis que les plus pessimistes nagèrent plus lentement la seconde fois.

Le couple optimiste

Si vous désirez vous montrer pessimiste sur l'avenir des relations sentimentales (mariages et autres), il vous faudrait faire pire que de citer simplement l'augmentation du taux de divorce qui, dans certains pays, s'élève actuellement à 50 % pour les mariages récents. Toutefois, en adoptant le point de vue optimiste, si de nombreux mariages aboutissent au divorce, au moins autant – si ce n'est plus – sont destinés à durer. Évidemment, de nombreuses recherches ont été entreprises pour tenter de comprendre ce qui fait que certaines relations durent et d'autres échouent. Ces études ont montré que, comme dans tous les domaines de nos vies, l'optimisme joue un rôle important dans l'élaboration de relations heureuses, épanouissantes et durables.

Une découverte majeure est que non seulement les optimistes expliquent positivement leurs propres actions (voir p.14-15), mais qu'ils interprètent aussi le comportement de leur partenaire de façon positive. Par exemple, l'un des partenaires ouvre la porte d'entrée, à la fin de la journée, en criant : "J'ai horreur que tu laisses tes chaussures juste à l'endroit où je vais trébucher sur elles !" L'autre partenaire peut réagir en pensant : "Ho, il doit avoir eu une rude journée au travail." Mais il pourra penser également : "Pourquoi faut-il qu'il soit toujours tellement de mauvaise humeur ?" Votre façon d'interpréter le comportement de votre partenaire révèle votre aptitude globale au bonheur dans votre relation. La première interprétation indique davantage une bonne relation que la deuxième car elle attribue le comportement négatif de l'autre à un facteur externe, en l'occurrence le travail, plutôt qu'à un défaut intrinsèque de son caractère comme dans la deuxième interprétation.

Comment interprétez-*vous* les actes de votre partenaire ? Il pourrait être utile d'analyser votre réaction à un exemple négatif récent de son comportement ; peut-être a-t-il été en colère, ou a-t-il oublié de faire quelque chose d'important. Décrivez la situation dans votre journal (voir p.36-37) et la façon dont vous l'avez vécue. Répondez aux questions suivantes : reprochez-vous entièrement les faits à votre partenaire ou pouvez-vous y discerner des facteurs atténuants ? Considérez-vous son comportement comme habituel ou comme une réaction isolée à un concours spécifique de circonstances ? Estimez-vous qu'il a parlé ou agi de la sorte intentionnellement ou accidentellement ? Pour vous, l'événement a-t-il un impact sur votre relation globalement, ou bien les répercussions restent-elles confinées à l'épisode en question ? D'après vous,

ce genre de situation arrive-t-il fréquemment ou rarement ? Vous aurez sans doute deviné que, dans chaque cas, la première option est l'interprétation pessimiste, et la seconde, l'optimiste. Cette méthode vous offre, à court terme, un rapide diagnostic de votre type d'interprétation vis-à-vis du comportement de votre partenaire. Mais, surtout si l'interprétation a penché du côté pessimiste, vous pouvez aussi employer ce questionnaire de façon suivie comme moyen de comprendre votre partenaire, afin de regarder consciemment son comportement sous un angle plus positif.

Ainsi que nous l'avons vu, une attitude optimiste n'a point besoin de s'appuyer sur la réalité (voir p.48). De même que les couples heureux atténuent les aspects négatifs de l'autre, ils amplifient ses attitudes positives et les prennent pour des traits de caractère. Comment font les couples pour maintenir leurs "illusions positives" l'un de l'autre ? L'une des façons est de considérer les faiblesses de votre partenaire comme des qualités. Par exemple : "Quand elle se met à décortiquer les détails de chaque petite chose, elle m'énerve, mais je dois reconnaître que cela l'aide à être une bonne mère."

Un facteur important qui différencie une relation épanouie de celle qui ne l'est pas est la façon dont les partenaires communiquent entre eux. Le Dr John Gottman, auteur de *The Seven Principles for Making Marriage Work* (1999) [*Les Couples heureux ont leurs secrets*, Lattès 2000] et de *The Relationship Cure* (2001), affirme pouvoir prédire avec une précision de 91 % les couples qui resteront ensemble, juste en observant leur façon de communiquer l'un avec l'autre. Il observe surtout comment chacun sollicite l'autre pour un contact émotionnel, à quelle fréquence, et comment le partenaire y répond. Ces demandes se font sous de multiples formes, verbales et non verbales, une question, une expression du visage, un contact, un regard, tout geste ou commentaire qui exprime : "Je désire être en contact avec toi." Les personnes qui restent mariées ont au moins cinq fois plus d'interactions positives que négatives et se sollicitent ainsi l'un l'autre nettement plus souvent que les couples désunis.

Les réactions à ce type de demande entrent dans trois catégories : "se tourner vers", "se tourner contre" et "se tourner de l'autre côté". "Se tourner vers" est la réaction positive. Vous souriez à votre partenaire ; il vous sourit en retour. Ces interactions vont se placer dans une "épargne de bonne volonté", dans laquelle le couple va pouvoir puiser dans les inévitables occasions de conflits. Quand les couples de la catégorie "se tourner vers" ne sont pas d'accord, ils emploient l'humour, l'affection et le respect pour rester connectés, évitant l'assaut des sentiments négatifs qui entraînent la dissolution des relations.

Gottman définit la réaction "se tourner contre" comme une attitude belliqueuse, chicaneuse ou sarcastique vis-à-vis de l'invitation au contact. Vous souriez à votre partenaire ; il répond avec brusquerie : "Quoi ?" Si l'un réagit souvent de la sorte, l'autre aura tendance à refouler ses sentiments et, dans la majorité des cas, la relation ne durera pas.

La réaction "se tourner de l'autre côté" suppose que le partenaire ignore l'invite du premier. Une question reste sans réponse, une marque d'affection est écartée, une conversation tombe à l'eau à la suite de commentaires ou de signes corporels qui signalent un manque d'intérêt. De nouveau, c'est un schéma de relation qui finira en divorce.

Nous ne réalisons pas toujours comment se sent notre partenaire devant nos paroles et nos actes. Même si vous ne pouvez contrôler ses sentiments, vous pouvez maîtriser vos émotions et votre comportement afin de vous tourner le plus souvent possible *vers* lui. Soyez attentif au langage de son corps. S'il a l'air triste, demandez-vous comment vous aimeriez qu'il vous traite si vous étiez à sa place et agissez en conséquence. S'il semble de mauvaise humeur, tâchez de contenir l'irritation qui peut apparaître en réaction à la sienne. Plutôt que de laisser les sentiments négatifs persister ou croître, si vous le pouvez dites que vous en êtes à l'origine et vous en excusez et, dans le cas inverse, expliquez pourquoi vous vous sentez fâché.

EXERCICE 16

Réservez du temps pour votre couple

Les relations exigent de s'investir dans une valeur précieuse, une chose pour laquelle nous luttons toujours afin d'en avoir plus : le temps. Cet exercice offre des suggestions pour vous aider ainsi que votre compagnon à vous préserver davantage de temps ensemble, pour simplement profiter de la compagnie de l'autre ou collaborer à des activités qui vous plaisent.

1– Planifiez un moment régulier ensemble, comme le vendredi soir ou le dimanche matin. Faites-en un rituel. Si ce moment reste régulier, rien d'autre ne pourra s'y glisser à la place par erreur : "Vendredi soir ? Impossible, ma femme et moi dînons toujours au restaurant le vendredi soir."

2– L'activité favorise la bonne humeur. En partager une avec votre partenaire est également bon pour votre relation. Peu importe ce que vous faites, c'est le partage qui compte : faites de l'exercice ensemble ou travaillez côte à côte au jardin.

3– La télévision risque d'être un voleur d'intimité, dérobant le temps précieux que vous pouvez avoir. Si cela s'avère possible, créez chez vous une zone sans télévision, réservée aux discussions, mais non aux distractions.

4– Faites une promenade avec votre partenaire une demi-heure par jour. Prenez ce temps pour vous reconnecter, pour partager ce qui vous tient à cœur. Si cela fait si longtemps que vous n'avez pas passé du temps seuls ensemble que vous ne savez quoi vous dire, parlez-lui de ce que vous estimez être les aspects positifs de votre relation. C'est toujours excellent pour commencer.

L'enfant optimiste

Apprendre à vos enfants à être optimistes est la chose la plus précieuse que vous puissiez leur apporter, celle qui met le plus la vie en valeur. Les enfants optimistes auront plus de chance d'être heureux, en bonne santé, d'avoir des amis et de réussir à l'école, tremplins importants pour devenir des adultes affectueux et créatifs.

Dans la plupart des cas, le type d'interprétation d'un enfant vis-à-vis des événements tant positifs que négatifs (voir p.14-16), et qui forme le cadre de l'optimisme ou du pessimisme, se développe progressivement jusqu'à l'âge de neuf ou dix ans, où il est alors bien défini.

Les bébés et les tout-petits n'ont aucune notion de succès ou d'échec. Ils sont simplement motivés par le processus d'apprendre quelque chose de nouveau. Aux alentours de deux ans, les enfants deviennent conscients de l'évaluation de leurs parents sur leur comportement, ce qui les dispose à rechercher le compliment et à reconnaître la désapprobation. À l'âge de trois ans, les enfants commencent à installer leurs propres standards de succès et d'échec et à apprécier leurs performances indépendamment du jugement des autres.

Deux voies existent vers lesquelles le type d'interprétation d'un enfant pourra se développer : la maîtrise de la situation ou l'impuissance acquise.

Les enfants qui s'orientent vers la maîtrise de la situation estiment que leurs succès viennent de leurs propres capacités et efforts, et leurs échecs de facteurs extérieurs. Ils sont confiants dans le fait que, s'ils essaient avec assez de persévérance, ils gagneront les défis. Ils pensent aussi qu'ils peuvent augmenter leurs capacités en poursuivant leurs efforts. Du fait qu'ils se sentent capables de contrôler leur environnement, ils prennent plaisir à leurs activités et sont motivés à persister en dépit des obstacles. Ces enfants affrontent joyeusement les nouveaux challenges, ce qui les aide à développer leur aptitude à résoudre et à aborder les problèmes.

Les enfants qui ont une tendance vers l'impuissance acquise attribuent souvent leurs succès à la chance et leurs échecs à leur manque de capacité. Ils agissent en présumant que les capacités sont des caractéristiques stables qui ne peuvent changer. Puisqu'ils ne croient pas pouvoir progresser par la persévérance, ils auront tendance à laisser tomber, ce qui mènera à des exigences de plus en plus basses de succès. Le pessimisme grandit avec le temps parce que ces enfants croient qu'ils ne peuvent ni contrôler ni changer l'issue des situations. Ils font dériver du désir d'éviter les critiques leur motivation à bien faire. Utilisant les jugements qu'ils perçoivent chez les autres pour guider leur comportement, ils perdent le contact avec les sentiments positifs que donne le succès et aiguisent de la sorte la douleur de l'échec.

Comme les adultes, les enfants qui interprètent leur monde de façon pessimiste risquent la dépression. Par exemple, environ 3 % des enfants aux États-Unis luttent à un moment donné contre la dépression. Il est malaisé d'en reconnaître les signes. Les enfants dépressifs ne sont pas forcément tristes en apparence : l'agressivité et l'irritabilité sont les symptômes les plus courants. Tout changement marqué et persistant dans le comportement de votre enfant exige de la vigilance et de l'intervention de votre part. Péchez toujours par excès de prudence.

En tant que parents, vous pouvez offrir beaucoup d'opportunités à votre enfant pour qu'il développe un type d'interprétation optimiste, basé sur la foi en ses propres capacités et sur l'appréciation de la valeur de l'effort.

L'outil le plus important à votre disposition est votre propre attitude. Vous en référez-vous davantage au côté positif de la vie qu'au négatif ? Trouvez-vous des interprétations positives quand les choses vont mal ? Partagez votre monologue mental, quand il est positif (voir p.35), avec vos enfants pour qu'ils puissent prendre en exemple vos pensées optimistes. Racontez-leur des anecdotes à propos de difficultés que vous avez surmontées.

Afin de renforcer chez votre enfant le sens de sa propre responsabilité par rapport à ses succès, faites l'éloge de ses efforts plutôt que celui de ses capacités. L'effort est quelque chose qu'il peut contrôler directement et immédiatement, alors que la capacité ne peut se développer qu'avec le temps, en tant que résultat de l'effort. Si, par exemple, votre enfant a une bonne note à l'école, dites-lui : "Tu as vraiment beaucoup travaillé sur ce devoir" plutôt que : "Regarde comme tu es intelligent."

EXERCICE 17

Montrez à votre enfant un avenir positif

Les enfants ont à faire face à toutes sortes de nouveaux défis, par exemple commencer l'école, passer des examens et se faire des amis. Ils peuvent être intimidés à l'idée de pénétrer dans un univers inconnu. L'exercice suivant vous montre comment encourager votre enfant à être confiant sur l'avenir en l'aidant à visualiser ce qu'il désire voir arriver et à identifier ce qu'il peut faire pour que cela arrive.

1– Si votre enfant est devant un nouvel enjeu, trouvez un moment de calme pour en discuter avec lui. Demandez-lui comment il se sent à propos de l'événement qui arrive. Mettons que la rentrée à l'école s'approche à nouveau. Encouragez-le à visualiser le jour de la rentrée. Comment a-t-il envie que cela se passe ? Comment a-t-il envie de se sentir en revenant le soir à la maison ?

2– Demandez à votre enfant ce qu'il voudrait réaliser à l'école l'année prochaine. Peut-être désire-t-il bien suivre la classe, ou commencer un instrument de musique ou un sport. Laissez-le décider de ses propres objectifs, ne le faites pas à sa place. Soutenez ses idées et demandez-lui ce qu'il peut faire pour que les choses se passent comme il le désire.

3– Rassurez votre enfant sur le fait que vous l'aimerez et le soutiendrez quoi qu'il advienne. Votre but devrait être d'enlever la pression externe qu'il peut sentir d'avoir à faire ce qu'il faut pour gagner votre amour. Il est important que sa motivation première soit interne (voir p.134).

Faites des éloges détaillés pour aider votre enfant à faire ses propres évaluations et pour qu'il apprenne à se complimenter lui-même. Des éloges détaillés permettent à l'enfant de voir clairement ce qu'il a accompli. Par exemple : "Tu t'es lavé les dents et tu t'es préparé tout seul pour aller au lit, merci de m'avoir écouté", plutôt que : "Quel gentil petit garçon qui m'a bien écouté." La deuxième version lui impose votre évaluation, ce qui peut l'empêcher d'avoir ses propres jugements. De la même façon, quand votre enfant vous montre sa dernière création artistique, vous devriez essayer de lui demander : "Raconte-moi ce que tu as dessiné", au lieu de lui dire : "Quel grand artiste tu es."

Ne récompensez pas sans discrimination. Si vous donnez une récompense à votre enfant pour chaque chose qu'il fait, il ne sera poussé que par une motivation extérieure, ce qui diminue la satisfaction personnelle qu'il peut obtenir uniquement par son propre effort et sa propre réalisation. Des études indiquent que des agents extérieurs de motivation, comme l'argent ou des friandises, ne sont pas seulement inefficaces à long terme mais qu'en réalité ils vont à l'inverse du but recherché. Les enfants perdent l'intérêt et la motivation s'ils sont récompensés pour une chose qu'ils voulaient de toute façon faire ou pour ce qui ne représente à leurs yeux qu'un challenge minime, voire nul.

Quand vous grondez votre enfant pour son mauvais comportement, expliquez-lui les conséquences naturelles de son acte, afin qu'il puisse apprendre comment ses choix influencent les événements de sa vie. Focalisez sur le comportement et non sur l'enfant : "Battre ta sœur est inacceptable", plutôt que : "Tu es une méchante fille de battre ta sœur."

EXERCICE 18

Enseignez à votre enfant la maîtrise des choses

Le succès de votre enfant à l'école et dans le monde se construit en apprenant à maîtriser les choses (voir p.130-131), ce qui lui donne la confiance nécessaire pour pouvoir créer ses conditions de réussite. Une chose apprise et maîtrisée aide votre enfant à se sentir valorisé et compétent, deux ingrédients importants pour créer le succès. En tant que parent, vous êtes son premier et plus important professeur : suivez ces étapes pour aider à cultiver son sens de la maîtrise.

1– La maîtrise se développe en prenant des décisions, alors laissez vos enfants choisir leurs vêtements, leurs activités de jeux, leurs livres, etc.

2– Donnez à votre enfant l'occasion de s'engager dans des sujets et des activités qui l'intéressent plutôt que de les lui imposer. Travaillez en tandem avec lui pour affiner un projet de son choix. Divisez le projet en éléments plus petits, pour que votre enfant distingue plus facilement comment la réalisation réussie de chaque étape contribue au succès du projet global.

3– Prenons la fabrication d'une maquette de voiture pour exemple : "D'abord nous devons dessiner un modèle, ensuite il faudra trouver le matériel puis décider comment assembler le tout, et enfin nous serons prêts pour peindre la voiture." Autorisez votre enfant à prendre le maximum de décisions, sur le choix des matériaux, celui de la couleur pour peindre la voiture, et ainsi de suite. Laissez-le exécuter certaines étapes par lui-même.

La famille optimiste

Une famille heureuse et optimiste enrichit la vie de tous ses membres. C'est à l'intérieur de la structure familiale, quelle que soit sa forme, que les enfants apprennent d'abord à gérer leurs émotions, à développer des relations profondes et à affronter les moments difficiles. Les adultes, eux aussi, puisent un grand bonheur dans une relation épanouie avec leur partenaire et leurs enfants. Notre famille nous façonne tels que nous sommes, et elle façonne aussi notre auto-valorisation et notre vision du monde. L'optimisme crée des familles solides au sein desquelles chacun des membres apprécie l'amour, le soutien et l'acceptation des autres, les rendant capables, individuellement et collectivement, de rencontrer les défis de la vie.

De nombreuses études ont cherché à définir les éléments qui rendent une famille optimiste. Un modèle connu regroupe l'engagement, la connexion, la communication, l'attention à l'autre et l'affrontement.

Dans une famille bien structurée, chacun des individus se sent **engagé** vis-à-vis de la famille en tant que globalité. Chacun fait ce qu'il peut pour contribuer au bien-être des autres, en partageant la charge des tâches et en passant une quantité notable de "bon temps" en famille. Tout en ayant des projets personnels, ils estiment que leur famille est plus importante. Une famille engagée apporte soutien et sécurité à tous ses membres. Solidifiez votre engagement au sein de votre famille en ayant des réunions de famille régulières, en partant tous ensemble en vacances ou en bâtissant un projet commun.

Les membres d'une famille heureuse construisent de fortes **connexions** les uns avec les autres au travers d'habitudes et de

EXERCICE 19

Prenez le temps de jouer

Jouer ensemble permet de forger des liens familiaux solides (voir p.138) d'une façon qui donne joie et épanouissement à la vie de famille. Les uniques ingrédients nécessaires pour mettre l'exercice suivant en pratique sont du temps et de l'enthousiasme ; s'amuser en famille n'a pas besoin de coûter cher.

1– Ayez au moins un jour par mois spécialement désigné pour vous amuser en famille. Si un jour entier n'est pas possible en raison de l'âge de vos enfants ou à cause de contraintes de temps, une demi-journée ou même deux heures sont valables. Demandez à vos enfants comment ils aimeraient appeler ces réunions.

2– Impliquez la famille entière dans le programme de ces divertissements. Demandez à vos enfants ce qu'ils aimeraient bien faire. Ils vous bombarderont sûrement de leurs idées, de sorte que vous pourrez en réserver pour les prochaines séances.

3– Pour vous aider à commencer, voici quelques idées :

- Passez une soirée à regarder les étoiles, du jardin ou du balcon, avec un pique-nique.
- Rendez-vous à un événement local : beaucoup d'associations organisent des concerts ou des foires gratuites ou bon marché que vous pouvez apprécier en famille.
- Les enfants adorent camper, alors tentez un mini-séjour en camping chez vous, une après-midi ou une soirée : fabriquez une tente avec des draps, sortez les sacs de couchage, et éteignez les lumières à l'heure du coucher pour lire une histoire à vos enfants à la lueur d'une torche.

traditions familiales, comme s'asseoir à dîner ensemble tous les soirs, faire une promenade en famille tous les dimanches matin, ou rendre visite à Grand-Maman le samedi. Les habitudes et les rites offrent un sentiment de stabilité en un monde qui change sans arrêt. Pour aider à fortifier vos liens familiaux, inventez un nouveau rituel dans votre famille, comme une soirée jeux, ou passez un moment individuel avec chacun de vos enfants, la veille de leur anniversaire.

Une bonne **communication** aide à créer un environnement familial ouvert, dans lequel les contrariétés peuvent être mises sur le tapis et résolues, et les domaines sensibles discutés de façon confortable. Encouragez une communication honnête et constructive en vous assurant que l'opinion de chacun est entendue et respectée, enfants inclus. Posez des questions afin de comprendre le point de vue de chacun et maintenez l'ambiance positive grâce à l'humour (mais sans sarcasme ni humiliations) et à quantité d'amour démontré sans paroles, en vous serrant dans les bras ou avec des sourires. Exprimez beaucoup plus vos appréciations que les critiques et, dans les conflits, insistez sur les points où vous êtes d'accord.

L'attention à l'autre est un élément vital pour le bonheur de la famille. Les membres d'une famille expriment l'attention qu'ils ont les uns envers les autres de façons variées, à travers le respect, les encouragements, l'acceptation de l'autre, l'empathie et la considération. Ces expressions permettent au donneur comme au receveur de se sentir bien et font redoubler d'attention. Donnez la parole à la gentillesse de votre famille en réservant un dîner hebdomadaire pour que tous puissent se remercier de toutes les bonnes choses qui auront été faites aux uns et aux autres durant la semaine.

Une famille optimiste est, comme toute autre, susceptible de traverser des crises, graves ou passagères. Ce qui fait la différence est sa capacité de réussir à y **faire face**. À ces occasions, les familles optimistes se rassemblent, chacun des membres cherchant le moyen d'épauler les autres pour prendre en charge le fardeau collectif. Ils s'encouragent mutuellement à persévérer et savent pointer les aspects positifs du négatif de la situation. Ils savent discuter du moment venu où la crise semblera moins accablante, insufflant de l'espoir pour un avenir meilleur.

Le sentiment de sa propre valeur ne peut fleurir que dans une atmosphère où les différences individuelles sont appréciées, les erreurs tolérées, où la communication est ouverte et où les règles sont souples, le genre d'atmosphère que l'on trouve au sein d'une famille épanouissante.

Virginia Satir (1916-1988)

Aider les autres à être optimistes

Chaque jour, nous sommes en contact avec des attitudes négatives. Bien que nous ne puissions changer les autres (Dieu merci, nous avons assez à faire à tenter de nous changer nous-mêmes), nous pouvons leur proposer une alternative plus optimiste dans les moments où ils trouvent difficile de rester positifs.

Lorsqu'une personne dont vous vous souciez se sent négative face à une situation difficile, ce que vous pouvez faire de mieux est d'écouter ce qu'elle a à dire. Laissez-la exprimer toutes ses émotions négatives sans essayer de la faire parler d'autre chose. Gardez le contact du regard et employez des sortes d'"encourage-

ment minimal", comme "hein, hein", "mum" ou "oh" pour lui laisser savoir que vous suivez ce qu'elle dit sans l'interrompre. Dire : "Tu ne devrais pas te sentir comme ça" ou : "Arrête de t'inquiéter, tout va bien" n'aide à rien. Avoir l'air de banaliser ses raisons de se sentir mal risque de lui donner l'impression que vous ne comprenez pas ses raisons ou n'y accordez pas d'importance, ce qui ne fera qu'augmenter ses sentiments négatifs.

Vous devriez aussi éviter les "oui mais". En répondant de la sorte, nous dévalorisons parfois, sans en avoir l'intention, ce que l'autre est en train de nous dire et de ressentir. Par exemple : "Oui, c'est terrible mais tu ne devrais pas t'en inquiéter." Il vaut mieux jouer le miroir de ce qu'il a dit : "Tu traverses vraiment un moment difficile" ou : "C'est vraiment dur pour toi". Même si vous faites simplement écho à ses paroles, cela le rassure sur votre empathie.

Aider l'un de vos proches à creuser pour trouver le positif, alors qu'il a tendance au contraire, peut repositionner sa façon de penser qui s'est avérée désastreuse. Suscitez l'espoir en guidant ses pensées dans l'avenir vers le moment où le problème sera résolu. Demandez-lui : "Que feras-tu quand tu n'auras plus ce problème ?" Replacez la situation négative dans un contexte en aidant votre ami à percevoir que, même si le pire devait arriver, il en ressortirait de toute façon (voir exercice p.143), et en pointant toutes les choses qui sont en sa faveur.

Votre ami peut douter de sa capacité à faire face au problème qu'il affronte. Pour stimuler sa confiance en lui, rappelez-lui la force qu'il possède et ses réalisations passées. Peut-être a-t-il été terrassé par une maladie qui l'a beaucoup affaibli, et a-t-il eu le courage de lutter et de s'en sortir. Vous pourriez lui demander :

"Comment avais-tu fait pour remonter la pente ?" afin de déclencher le souvenir de sa résilience.

Il est parfois approprié d'utiliser le scénario "cela aurait pu être pire". Par exemple : "On t'a volé tes bijoux, mais au moins tu n'as pas été blessé." Restez vigilant avec ce procédé. Si vous l'utilisez au moment où l'autre personne est de toute évidence bouleversée, vous risquez d'avoir l'air de manquer de sympathie ou de vouloir être directif. Modelez-vous sur ses sentiments.

Si quelqu'un qui vous est cher est pessimiste de façon chronique et rejette vos offres pour l'aider, ne réagissez pas agressivement ; cela pourrait provoquer encore plus de retrait de sa part vis-à-vis de vous. Laissez-lui entendre que vous désirez juste l'écouter, le soutenir et l'aider, si et quand il le veut. Toutefois, s'il passe son temps à se plaindre sans rien faire pour améliorer sa situation, vous sentirez sans doute à un moment donné qu'une confrontation est nécessaire : "Je t'écoute me parler de ce problème. Quelle est ta solution?" Encouragez-le à exprimer ses sentiments mais ne le laissez pas se complaire éternellement dans sa négativité.

La "règle des trois plaintes" est une méthode que vous pouvez utiliser au sein de votre famille et avec vos amis, afin de mettre un frein à d'improductives jérémiades sur des problèmes mineurs. Si quelqu'un se plaint de quelque chose trois fois, il doit alors soit arrêter d'en parler soit résoudre le problème : trois plaintes, et c'est fini ! Tenez le compte et avertissez les gens quand ils en sont à leur deuxième ou troisième coup. C'est une façon humoristique de mettre le problème sur le tapis pour le résoudre.

EXERCICE 20

Que peut-il arriver de pire ?

Nous perdons tous du recul quand nous sommes sous pression. Un léger contretemps peut prendre des proportions dramatiques. Si vous voyez l'un de vos amis traverser une période de stress, l'une des choses les plus utiles que vous puissiez faire est de vous asseoir avec lui et lui démontrer qu'il peut faire face même au pire des scénarios.

1– Lorsque l'un de vos proches se débat dans une épreuve qu'il traverse, proposez-lui de prendre une pause. Sortez-le de son entourage habituel, au café ou au parc.

2– Demandez-lui de partager avec vous ses peurs les plus grandes. Par exemple, s'il est en train de vouloir obtenir un contrat lucratif, il peut avoir peur, si le contrat lui échappe, de perdre son emploi.

3– Interrogez votre ami sur le pire scénario qui puisse lui arriver. Rappelez-lui sa valeur personnelle. Citez l'exemple de gens qui ont perdu un contrat tout en continuant à s'élever au sein de leur compagnie.

4– Puis, même si vous n'y croyez pas, explorez ce que votre ami considère comme le pire des scénarios. Montrez-lui que, s'il perd son emploi, c'est l'occasion de trouver un employeur plus raisonnable ou un emploi plus valorisant.

5– Encouragez-le à se concentrer sur des pensées plus positives. Demandez-lui de visualiser combien le succès est appréciable.

L'optimisme sur le lieu de travail

Un lieu de travail optimiste est d'importance majeure pour le succès de toute entreprise. Si ses employés se sentent satisfaits, prêts à s'investir et motivés, l'entreprise sera davantage en mesure de profiter d'un seuil positivement bas de rotation du personnel, d'absentéisme et de lassitude, et de seuils élevés de productivité, de clientèle satisfaite et même de ses profits. Bénéfices commerciaux mis à part, travailler dans une atmosphère optimiste permet aux gens de se sentir bien, ce qui a une répercussion positive dans tous les domaines de leur vie. Dans cette section, nous allons étudier les facteurs qui contribuent à rendre un lieu de travail optimiste et ce que nous pouvons tous faire, quel que soit notre grade, pour diffuser de l'optimisme dans nos vies professionnelles.

En 2003, Towers Perrin, une société de conseil en ressources humaines, publia les résultats d'une étude qui avait analysé les sentiments de salariés envers leur emploi. Tout en trouvant une corrélation entre une main-d'œuvre satisfaite et une balance financière saine (et entre l'insatisfaction de la main-d'œuvre et de mauvais résultats financiers), cette étude révéla aussi les trois éléments essentiels à un vécu professionnel positif. En premier lieu, l'entreprise devrait cultiver la valorisation de ses employés en créant une atmosphère où ils se sentent confiants, compétents et en contrôle de leur travail. Deuxièmement, les employés ont besoin de voir comment leurs efforts contribuent aux succès de leur entreprise. Enfin, ils ont besoin de se sentir suffisamment reconnus et récompensés pour leur labeur.

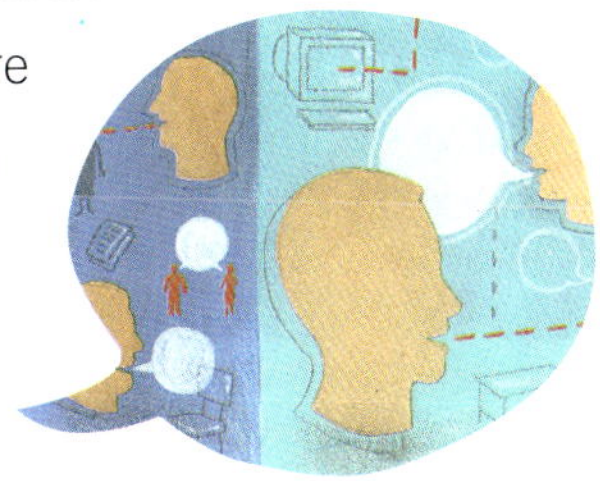

Bien que le plus modeste des employés puisse affecter l'ambiance de l'endroit entier, c'est le responsable de l'entreprise qui détient la plus grande influence. Une direction honnête, respectueuse, énergique au travail et de bonne volonté pour chercher, le cas échéant, des solutions, aide à construire un lieu de travail positif et intéressant. Les meilleurs directeurs sont les visionnaires qui s'assurent de l'intéressement des travailleurs aux bénéfices de la société. Autoriser les employés à avoir leur mot à dire dans la gestion de la société donne à ces derniers un sentiment de contrôle ainsi que celui de travailler pour des objectifs précis et identifiables.

Si une entreprise démontre son investissement vis-à-vis du personnel, celui-ci aura tendance à agir de façon réciproque. Il y a de nombreuses manières pour un employeur de montrer sa considération vis-à-vis de son équipe, en instituant des horaires raisonnables et souples, des programmes de bien-être, en subventionnant des événements sociaux, etc. Même des mesures aussi simples que de rafraîchir le lieu de travail en réaménageant le mobilier ou en redécorant, et en garantissant que les aires de travail soient propres et confortables, transmettent le message que l'employeur se soucie des conditions de travail de son personnel.

En dehors des conceptions de votre employeur, vous avez le pouvoir d'engendrer l'optimisme sur votre lieu de travail en prenant le rôle d'un modèle du genre. Souriez, saluez les autres d'un ton cordial et traitez toujours tout le monde avec respect. Ayez une bonne écoute et n'interrompez pas, cela montera aux autres que vous valorisez ce qu'ils ont à dire et les rendra plus à même de vous écouter quand votre tour viendra.

Créez des liens positifs avec vos collègues en prenant le temps de célébrer les événements heureux, comme les anniversaires, les fêtes et les promotions. Montrez de la solidarité avec ceux qui ont un moment de stress (voir p.143), en les emmenant déjeuner ou prendre un café, en leur offrant une plante pour leur bureau ou en les faisant rire avec une histoire drôle. Exprimez votre appréciation lorsque quelqu'un vous aide, et complimentez vos collègues pour leur bon travail. Construire un solide esprit d'équipe permet à un groupe de collègues de sympathiser, en cas d'épreuve, avec chacun et de le soutenir, ce qui est particulièrement important quand il y a de la tension.

Au contraire, travailler dans une atmosphère négative est démoralisant et source de désaffection. Divers facteurs peuvent mécontenter les gens dans leur travail, comme une charge de travail impossible à assumer (ou trop ennuyeuse), un manque de clarté de la part des cadres, et l'absence de sécurité ou de gratifi-

cation. Une négativité rampante qu'on laisse courir au sein d'une entreprise sans y prêter attention crée un terrain fertile pour engendrer l'épuisement du personnel. L'épuisement est un état d'abattement physique et moral, symptôme précurseur pouvant conduire au cynisme, au repli sur soi, à la méfiance et aux sautes d'humeur. Dans un bon lieu de travail, chacun devrait être capable de déceler ces symptômes chez un collègue (d'autant qu'ils seraient inhabituels), et interviendrait sans doute. Mais, dans un lieu de travail négatif, les signes d'abattement sont difficiles à discerner de l'humeur prévalante et risquent donc d'aller jusqu'à l'anxiété ou la dépression.

S'il vous arrive de travailler avec une personne négative, il ne tient qu'à vous d'agir avant que son influence ne se répande. Les gens négatifs, souvent, ne réalisent pas qu'ils le sont, et la première chose que vous ayez à faire est donc de les avertir de l'effet de leur attitude sur les autres. Affrontez-les avec des réflexions honnêtes et objectives, et des exemples précis. Par exemple, si la personne se plaint de ce que le projet réalisé par l'équipe avec laquelle elle travaille est futile et mal exécuté, montrez-lui à quel point il est démoralisant pour le reste de l'équipe d'entendre cela.

Se plaindre, attitude apparemment négative, peut devenir une force positive si cela mène à des solutions. Quand les gens se plaignent, demandez-leur de décrire comment améliorer la situation et impliquez-les ensuite à devenir l'instrument du changement. Demandez-leur des détails précis pour comprendre leur problème et trouver ainsi le moyen de le résoudre. Pour citer un exemple simple, si quelqu'un se plaint qu'il y a trop de bruit dans son secteur, demandez-lui quels bruits exacts le dérangent et invitez-le à suggérer le moyen de réduire ces bruits.

Il est à noter qu'un lieu de travail peut être optimiste tout en laissant la place au pessimisme défensif (voir p.50). En effet, une entreprise dans laquelle chacun serait optimiste en permanence serait vouée à la faillite. La possibilité d'imaginer et de programmer le pire est un élément essentiel à l'organisation de toute compagnie.

Comme tous les groupes, le lieu de travail est une assemblée d'individus divers, chacun avec ses propres talents particuliers. Dans un lieu de travail optimiste, ces talents sont reconnus, aimés et nourris au profit de l'individu comme de la compagnie.

EXERCICE 21

Prenez le contrôle de votre carrière

Dans un lieu de travail négatif, les salariés tendent à attendre passivement une promotion ou une augmentation. Si leur tour passe, ils ne reçoivent aucune explication, et n'en cherchent pas, malgré leur déception. Si vous trouvez dur d'être mal traité, utilisez cet exercice pour passer à l'action au lieu de vous offenser.

1– Prenez rendez-vous avec votre patron pour lui parler de vos espoirs au sein de la compagnie. Préparez-vous en faisant la liste de vos talents acquis, du supplément de responsabilités que vous avez pris, et de vos contributions au succès de l'entreprise.

2– Au cours de l'entrevue, demandez précisément au directeur les critères de promotion auxquels vous ne répondez pas encore. Discutez des moyens de les obtenir. Si vous exprimez votre déception pour avoir manqué une promotion, faites-le de façon à montrer votre engagement à bien faire votre travail. Si besoin, attirez son attention sur l'effet positif que vous lui faites.

3– Étudiez un plan de carrière avec votre directeur. Acceptez les moyens de gagner de l'expérience dans de nouveaux secteurs afin de combler les lacunes de votre profil.

4– Si votre directeur ne cherche pas à vous aider, n'insistez pas en vous montrant frustré. Étudiez le marché du travail ou rejoignez une association professionnelle pour faire partie d'un réseau. Vous méritez un métier où vous pouvez vous réaliser.

Un travail intéressant, une vie intéressante

Autant que de travailler dans une atmosphère optimiste, la plupart d'entre nous trouvons important d'avoir un métier que nous estimons épanouissant. Plus que jamais auparavant, notre métier nous aide à définir qui nous sommes, ce qui signifie que passer huit heures par jour à faire un travail que vous n'aimez pas, qui vous ennuie ou n'a pas de sens pour vous aura toutes chances de vous rendre globalement malheureux et insatisfait. Inversement, suivre une carrière qui soit un challenge pour vous et qui reflète vos meilleurs talents sera une source de profond bonheur, qui rayonnera dans tous les domaines de votre vie. Selon une étude réalisée aux États-Unis en 2000 par la conseillère d'orientation professionnelle Sheila Henderson, les personnes heureuses dans leur travail tendent à avoir une estime de soi et une vitalité de haut niveau, et vivent des relations positives et productives avec les autres.

Afin d'évaluer votre satisfaction dans le travail ainsi que vos aspirations, vous avez besoin, en premier lieu, d'explorer vos sentiments vis-à-vis de votre travail actuel et de votre carrière en général. Regardez-vous de l'avant, la plupart du temps, en allant au travail ? Avez-vous l'impression que votre travail a un effet positif sur les autres ? Êtes-vous fier de votre travail et en retirez-vous de la satisfaction ? Si vous en aviez l'opportunité, changeriez-vous de carrière ?

Le propos de ce questionnaire n'est pas d'engendrer du mécontentement là où il n'existait pas. Il se peut que vous ayez déjà un métier qui vous plaît et qui a du sens pour vous. Mais, si

vos réponses suggèrent que vous êtes mécontent de votre travail, l'attitude optimiste vous dicte d'agir. Demandez-vous si le problème réside dans vos conditions ou votre lieu de travail (voir p.144-149), ou si vous trouvez que c'est votre profession qui ne vous épanouit pas. Dans le premier cas, la solution pourrait être de rester dans la même profession mais de passer à une autre société, de devenir consultant, de trouver un emploi où vous pouvez réduire vos heures ou qui soit mieux localisé pour vous. Mais, si vous pensez que vous n'êtes pas dans la bonne profession et que cela vous rend malheureux, il vous faut alors rechercher une carrière plus épanouissante.

Faire un changement de carrière réussi et positif exige de la prévoyance, de la conscience de soi et des recherches sérieuses. Il vaut mieux sentir que vous vous dirigez vers quelque chose de nouveau et d'excitant avec lucidité plutôt que de fuir précipitamment votre orientation actuelle, aveuglé par la panique. Commencez par examiner le pour et le contre d'un départ de votre métier actuel. Prenez une feuille de papier ou une page de votre journal et divisez-la en deux colonnes, l'une intitulée "Rester dans mon métier actuel" et l'autre "Découvrir un nouveau métier". Inscrivez vos raisons dans chaque colonne et décidez, pour chaque argument, s'il est positif ou négatif. Par exemple, dans la colonne "Rester", vous pourriez noter : "Des collègues super" (positif), "Plus sûr au point de vue financier de rester" (négatif), et "Trop stressant de bouger" (négatif) ; tandis que les arguments "Nouveau métier" pourraient être : "Trouver un métier qui ait un sens pour moi" (positif), "Acquérir de nouvelles capacités" '(positif), et "Ficher le camp de mon travail actuel" (négatif). En faisant l'addition des points positifs dans chaque colonne, vous verrez sans doute plus clairement où réside votre intérêt.

Une autre option est de vous faire guider par un conseiller d'orientation professionnelle (qui soit recommandé par des amis ou par l'université locale). Un examen objectif de votre type de personnalité, de vos talents et de vos aptitudes professionnelles, vous aidera à vous organiser et à affronter la peur et l'incertitude que vous ressentirez inévitablement. Un bon conseiller vous aidera à peser les risques et les avantages d'un changement de carrière de façon que votre décision soit bien informée. Il pourra également vous dire quelles formations, quelles capacités et quelles références il vous faudra acquérir afin de réussir la transition vers la profession de votre choix.

Effectuer un temps de bénévolat ou passer une semaine avec quelqu'un qui exerce le métier auquel vous réfléchissez, sont d'excellents moyens de vous procurer une expérience de première main. Interrogez des personnes qui exercent dans ce domaine, afin de découvrir ce qu'elles apprécient et ce qu'elles n'aiment pas dans le travail qu'elles font. Lisez des revues professionnelles pour obtenir des points de vue variés sur les aspects que vous auriez à gérer.

Vous n'êtes pas seulement à la recherche d'une carrière, mais de votre vocation proprement dite, de l'activité que vous êtes appelé à faire, de votre objectif de vie. Selon le psychologue Abraham Maslow, sentir que vous faites ce pour quoi vous êtes fait dans la vie et que vous accomplissez votre potentiel (il parle de "réalisation de soi") représente les sommets de la satisfaction chez l'homme. Menez votre réflexion selon deux critères : passion et contribution. Prenez une activité qui vous passionne et utilisez-la pour apporter votre contribution positive au monde qui vous entoure. Le jardinage vous passionne-t-il ? Vous pourriez aider les gens à embellir leur environnement en devenant paysagiste, ou en organisant des lotissements de jardins communautaires pour les familles qui habitent dans des tours. Si vous ne savez pas ce qui vous passionne exactement, essayez de vous centrer sur un domaine dans lequel vous êtes compétent. Interrogez vos amis : si vous êtes compétent dans un domaine précis, leur réponse voue semblera sûrement naturelle. Chacun est doué pour quelque chose, et c'est votre responsabilité de découvrir comment faire profiter les autres de vos talents.

Lorsque vous connaîtrez votre objectif de vie, vous trouverez et vous créerez un travail intéressant, qui soit l'extension de qui vous êtes et de ce que vous valez. Et vous aborderez chacune de vos journées avec l'optimisme que produit une vie enrichie d'un travail épanouissant.

Conclusion

Les idées et les exercices contenus dans ce livre marqueront une différence positive dans votre vie, à condition que vous les mettiez en application. Si vous avez parcouru ces exercices des yeux en vous disant : "Ça a l'air intéressant, j'essaierai peut-être un de ces jours," il vous faut y retourner et les pratiquer vraiment. "Un de ces jours" n'arrive jamais. Engagez-vous consciemment à devenir plus optimiste en mettant quotidiennement en pratique vos facultés d'optimisme afin qu'elles deviennent une seconde nature chez vous. Que cela devienne une routine : faites le même exercice chaque jour pendant une semaine, puis passez à un autre exercice la semaine suivante, et ainsi de suite, jusqu'à ce que vous ayez pris l'habitude de penser positif.

Un autre aspect essentiel à intégrer dans ce cadre est de vous adresser d'une façon ou d'une autre à la fin de chaque journée à votre journal de l'optimisme (voir p.36-37). Ce journal est au cœur de votre engagement à devenir plus optimiste. Grâce à la comparaison entre des passages plus anciens et plus récents, il vous est possible d'apprécier vos progrès, vous encourageant à persévérer dans vos efforts.

Vous devriez également vous servir de vos relations pour vous aider à poursuivre votre chemin en direction de l'optimisme. Apprenez en observant comment les personnes de votre connaissance ont surmonté les épreuves de leur vie. Recrutez les gens positifs qui vous soutiendront dans votre tentative à rester du côté ensoleillé de la rue.

Votre optimisme est le plus beau cadeau que vous pouvez apporter au monde. Tout le monde profitera de votre attitude : votre famille, vos amis, vos collègues et votre communauté. Si vous désirez apporter du changement dans le monde, vous devez commencer par donner l'exemple, en étant positif et en encourageant les autres à l'être aussi.

Une mentalité positive n'est pas le privilège de quelques uns. C'est une question de choix, celui de penser du bien de vous-même, de vous attendre au succès, de persévérer, d'être quelqu'un d'optimiste. Quand vous choisissez l'optimisme, rien ne vous arrête dans la création de la vie telle que vous la voulez. Quand vous choisissez l'optimisme, vous vous offrez à vous-même la clé d'une bonne santé, de la réussite, des relations satisfaisantes et d'une carrière épanouissante.

Je vous recommande vivement de faire de l'étude et de la mise en pratique de l'optimisme une ligne de conduite tout au long de votre vie.

Index

159

Lectures conseillées

Armstrong, Lance
Il n'y a pas que le vélo dans la vie
Éditions Lgf, 2003

Goleman, Daniel
L'intelligence émotionelle
Robert Laffont (Paris),1999

Hill, Napoleon et Stone, W. Clement
Le succés par la pensée constructive
Les Éditions de l'Homme, 1973

Caterina Rando, Caterina
Puissance et pouvoir des mots
Le Courrier du Livre, 2004

Pascoe, Lee
Faites comme si !
Le courrier du Livre, 2005

Peale, Norman Vincent
La puissance de la pensée positive
Le Jour, 1990

Seligman, Martin
Apprendre l'optimisme
Interéditions, 1997

Reeve, Christopher
Rien n'est impossible
Un monde différent, 2004